大是文化

中國共產黨世界最強組織

國家主席一人怎麼號令十四億人？

從灌輸個人思想到企業內部運作，是什麼在層層掌握

中國問題專家、日本前外務省
國際經濟、金融分析員
西村晉・著　郭凡嘉・譯

中国共産党
世界最強の組織
1億党員の入党・教育から活動まで

目錄

第2章

中國共產黨最重要的組織：黨支部 …… 49

第6章 外資企業如何與黨和平共存？

推薦序

關於那些超越粉紅的正紅們

《一個分析師的閱讀時間》FB粉絲團版主／黃瑞祥

我得承認，在閱讀《中國共產黨，世界最強組織》這本書之前，我對中國共產黨如何運作，知道的並不多。大概就如同作者西村晉所說的，不曾真正在中國生活過的人，對於共產黨會有很多刻板印象，同時，對共產黨如何運作國家機器的想像，也僅停留在我們容易看見的「中央」，而非人數眾多、真正負責日常營運的「地方」。

我們可能對蟻后很了解，但我們真的知道，工蟻是如何打造起整個螞蟻王國的嗎？

依照中國官方給出的數據，至二〇二一年年底，中國人口約十四億人，共產黨員約有九千六百七十一萬人。這顯然是個可觀的數字。假設中國共產黨員自成一國，那也將是世界排名第十六的人口大國。對於這個龐大的組織，我們首先要理解的是，中國共產黨雖然掌管了中國的一切，但**國家跟黨仍有各自獨立的組織結構與指揮系統**。這意味著，我們不能用「政府」的方向，去思考「黨」的組織結構到底是如何。

那麼，中國共產黨這個組織，比較像什麼？以我的角度來看，我認為中國共產黨像是個宗教團體，所有的組織結構，都是為了處理實體的「資源」與虛構的「資訊」而產生，多數組織的結構設計都是實大於虛。但宗教團體則是虛大於實，是一種以「型塑認知」為目標的組織型態。這就像是，雖然所有企業都會實施員工訓練，但不會把員工訓練，看得比工作內容本身更重要一樣。

近兩年全球各國都在談中國的「認知作戰」，探討抖音、微信以及中國發言人如何對世界產生影響，但事實上，相對於中國共產黨的內部管理，本身就是巨大的認知作戰。例如，假設一個人決定入黨，但這個人不會立刻成為黨員，而是先成為預備黨員，並經過一年全方面的思想教育，最後再評估是否能成為正式黨員。你有沒有想過，為什麼網路上的小粉紅大都只能自稱「粉紅」？因為要成為真正的「紅」，得先經歷重重考驗才行。

環境會影響人的思想。作者就提到，他的朋友很訝異的說，沒想到自己的親戚加入共產黨，一陣子沒見之後，整個人「都被影響了」，言行都越來越像共產黨員。從組織管理的角度來看，中國政府與中國共產黨，可以說是完美互補的存在。**中國政府以處理資源為主，中國共產黨以處理資訊為主**，如此一來，兩者的權力結構都能常保穩定。

看到這裡，各位會不會覺得，這種政治結構好像似曾相識？是的，那就是在封建時代，東西方皆有的「政教合一」體系，只不過中國共產黨用「黨」取代了「教」。在此，你應該恍然大悟，為何中國共產黨是無神論了。

以上是我的見解。如果你想知道，中國共產黨到底是怎麼樣的組織，並形成自己的見解，那麼請務必閱讀這本書。

序言
管理十四億人口的實戰部隊——基層黨組織

本書的主題是中國共產黨的「組織」。談到「中國共產黨」時，多數新聞以及針對中國情勢的評論，都僅談論中國共產黨的最高層，也就是一般所稱的黨中央。但本書不會深入討論國家主席及黨中央幹部的相關話題，畢竟市面上已經有許多這類書籍。

如果說黨中央是中國共產黨這個組織的大腦，那麼**本書談論的中國共產黨末端組織，就相當於執行任務的手腳**。簡單來說，就是實戰部隊。流傳在街頭巷尾的中國論，都只是汲取了國家主席的遠景和黨中央幹部的意圖罷了。至於上層做的決定，究竟是如何實際執行的，一般總是用「一黨獨裁」、「上意下達」等，讓人不知所以然的說法含糊其辭。

而黨中央也好、中國政府也好，究竟是如何因應劇烈變化的現代中國社會、推出政策與方針，又如何察覺到新衍生的問題、各方意見與點子？關於這些面向卻鮮為人知。其中的背景，當然是因為中國共產黨的組織過於龐大。根據二〇二一年的統計，**中國共產黨黨員已經高達九千五百萬人以上**（按：二〇二一年底已超過九千六百七十一萬人），人數逼近破億，組織十分龐大。他們究竟如何汲取底層的意見，而上層所做的決策又是由誰、以什麼樣的方式執行？這種中國式統治體系，巧妙的融合普羅大眾民主主義與一黨獨裁，正可說是中國社會的特徵。

小說《三體》裡的全體公民大會，發想自共產黨

我曾經在中國內陸的大學，以外籍教師的身分任職長達九年，工作環境中大半的教職員都是中國共產黨黨員。而我教的學生裡，或多或少也是隸屬於大學內共產黨組織的黨員和預備黨員。

只要生活在中國，就有機會接觸到地區的共產黨組織。

除此之外，中國的書店裡，還販賣很多教科書，專門供地區和職場裡的

共產黨組織成員閱讀。書中的內容並不艱深，只要懂點中文就能理解，僅僅算是一種指南手冊。

設置在區域社群和職場中的中國共產黨組織，被稱為基層黨組織。這對中國人來說，是扎根於生活的常識，也是過於理所當然的知識，但這對其他國家的人來說，可說是無法想像的結構。

作家劉慈欣所著的科幻小說《三體II：黑暗森林》中，就出現過一段內容，描述有五艘宇由戰艦載了五千五百人遠離地球，組成了一個名為「星艦地球」的國家，企圖從地球獨立。他們當時召開了「全體公民大會」，包含艦長在內，所有的人都能參加，藉此決定星艦地球往後的出路，並決議從地球獨立。在獨立後的全體公民大會中，從統治體系到領導階層人事，都是透過全員參加會議來決定。全體公民大會把統治權力委託給統治委員會，而星艦地球的重要事務，都要由統治委員會以百分之百的贊成票來決議。

這個星艦地球的兩次大會，就和中國共產黨的黨支部黨員大會與中國農村的村民大會，架構幾乎一模一樣。而星艦地球的統治委員會，就和中國共產黨基層組織的委員會與中國農村的村民委員會，屬於相同架構的合議制。

此外，《三體II：黑暗森林》的背景是距今兩百年後的未來，其中竟也出現了地方自治組織，而且還會讓人聯想到現代中國的地方自治組織「居民委員會」。

仔細審視全球暢銷書《三體》系列小說內容中的細節，就會發現是在描寫中國社會末端的直接民主制與自治的樣貌。相信有不少在中國工作的人，也察覺到這一點了吧。書中那些歐美和日本出身的船員們，是否真的認同這種形式的會議與統治體系？我實在對此抱持懷疑的態度。不過，畢竟對中國人來說，這是非常理所當然的決議過程，所以書中也沒有人提出反對意見，達成了全體一致的決議。

不了解基層黨組織，就談不上了解中國

為什麼我們要了解中國共產黨的基層組織？幾個理由如下。如果無法充分理解中國人的常識，那麼在與中國交流時，就會遇到阻礙。如果要在中國企業任職，或是他國企業進入中國，要雇用當地的員工時，就會多了一層阻

礙。此外，**在各種合作、交流上，中國的企業和機構中的黨組織幹部，都發揮重要的角色**。就算對方特別說明，但如果企業的負責人，對企業內部的黨組織缺乏最基本且最低限度的基礎知識，就無法建立對等的關係。

有不少人分析中國時，都抱持著極權、專制的印象。儘管這並非完全錯誤，但如果你認為中國人只是無力的順從上面的決策，這個國家完全不了解基層大眾的現實問題、人們都是在效率極差的環境成長，那你對這個國家根本一無所知。而且在預測未來和解決問題時，一定會遇到不少困難。實際上，曾雇用或指導過中國員工的人，一定知道他們不會輕易服從上級，而且也會理解到，不是只靠力量和上下階層關係，就能讓中國人行動。

另外，如果在理解中國與中國人時，省略了在中國社會中相當重要的黨組織，那麼對於這個國家的社會和經濟方面的評價與分析，就會變得不可靠。中國共產黨的基層組織擔任了方針與政策「上意下達」的角色，同時也吸收非特定多數大眾的意見，擔負「下意上達」的工作。

除此之外，教育和宣傳能幫助鞏固政權支持的基盤，因此對新進黨員實行教育訓練，也能幫助擴大政權的支持基礎。為了讓政黨方針得以滲透、為了實踐計畫與目標，無所不在的黨組織成員都在協助解決基層的問題。就算採用了最新、最精細的資訊與情報，但如果不理解這種末端黨組織的存在，那麼對於中國社會的了解，可說是忽視了現實，只是建立在空想之上的理論罷了。

中國的體制，其實是靠著基層成員以自主性、積極性、創造力建立起來的組織來支撐。無論是肯定或是否定現代中國的體制，都必須有所理解。

本書的目的並不是贊同中國的體制，但也不得不承認中國共產黨的基層組織，在擴張勢力、教育與訓練成員、激發成員動機與改造意識、共享遠景、吸收基層意見、處理與說服不滿的情緒、統整意見、機動性等層面，都有優秀之處。

對於學生和年輕人，他們透過教育訓練和實踐來提升溝通能力，發揮了刺激公共心與利他心、愛國情操等的效果。而對現役與中堅世代，他們給予了重新學習、職場改造、提高生產力、賦予工作動機、強化遵從法令與治理，以及職場同事的交流機會。而對於退休的世代，他們透過區域層級的組織化，發揮了避免人民被孤立、滿足人與人之間連結、歸屬的欲求。

中國有一句話說：「沒有共產黨，就沒有新中國。」這句話絕非誇大，也不是站在掌權者等體制的人在自賣自誇。

接下來，本書將會一一介紹理解中國時的死角——「中國共產黨的基層組織」。在第一章，我會仔細說明「新進黨員入黨」的過程，這是過去其他書籍幾乎不曾詳細提及的內容。新進黨員的招募和教育，對黨組織而言可說是最重要的工作之一。此外，從入黨的一般黨員角度來看，這個階段也最容易初步理解黨組織，因此一開始我會先解說這個部分。

在第二章，我會說明對中國共產黨而言最重要的組織——「黨支部」。儘管黨支部是最重要的組織，但幾乎沒有人介紹這個組織的角色、工作及平時的活動。在第三章，我會說明黨組織階層結構，它統整了數個黨支部。中國共產黨組織的階層結構，是日本過去幾乎從未詳細介紹過的領域。

第四章則會說明地區的黨組織，第五章則解說職場中的黨組織。而最後的第六章，則會說明外資企業中的黨組織，近年來這個部分也經常衍生問題。如果有讀者已經充分了解中國共產黨的基層組織，也可以從感興趣的篇章和內容開始閱讀。

第 1 章

不是你要不要入黨，是黨要不要收你

1 我該加入共產黨嗎？中國大學生的猶豫

「我很猶豫該不該成為共產黨員。」

二〇一三年春天，當我開始在中國河南省的大學，工作了差不多半年左右，一位學生拿著上面這個問題，來詢問我的意見。這真是一個令我吃驚的體驗。

這位學生之所以會來找我商量，最主要是擔心：「如果成為中國共產黨黨員，將來在找工作的時候，要是想進外資企業，會不會比較不利？」此外，他也提到，加入共產黨的優勢，就是如果要進入中國國有企業的話，也許會比較有利，而且他也純粹對黨活動有興趣。

然而，當時我不太清楚加入中國共產黨的方式，以及需要具備什麼條件。

我只知道，大學校內應該有共產黨的黨組織存在。根據這位學生所說，只要他本人有意願，且校內共產黨組織中負責的老師答應，那麼他就可以入黨。

成為共產黨員有什麼好處，讓大明星成龍也嚮往？

我到中國之前，也曾經加入日本某個政黨，有兩年左右的時間都擁有黨員身分。因此我就把這件事告訴這位學生：「我曾經被住家附近的大叔拉去加入某個政黨，當時我只是在一張非常簡單的表格上填了姓名，繳交差不多兩千日圓的會費，就成了日本政壇中〇〇黨黨員了。日本其他的政黨大概也是差不多的狀況吧，既沒有什麼面試，也不用參加任何筆試，更不需要寫什麼小論文，所以我當初也沒有因為這件事而唸書。」當我向他這樣說明時，他竟然露出了苦笑，不知道是不是因為日本權力的中樞結構竟然如此簡陋，讓他覺得很失望？

最後我這樣回答他：「我也是外國政黨的黨員，不過我在中國找工作時，完全沒有遇到任何困難。我想，就算你成為共產黨黨員，要進入外商企業，應該也不會有太多阻礙吧。說不定這些公司甚至不會問你到底是不是黨員呢。」但過了七年後，日本媒體開始報導在外資企業、甚至是駐外機構中，有很多共產黨員員工，這樣的狀況甚至也在日本議會引發討論。儘管說我「無法預測，或不可能會知道這樣的發展」，但我還是覺得自己做錯了。

不過另一方面，誠如前面所言，**如果要進入中國國有企業**，或想在中國企業就業的話，**成為黨員大都比較有利**。因為成為黨員，就代表著有強烈意識與配合度，此外也因為在中國的企業和其他各種職場中，黨組織經常扮演重要的角色。針對工作職場中，黨組織的活動與角色，將在第二章與第五章更詳細的說明。

此外，黨組織中的各項團體活動與學習，也會刺激青年培養與建立志向、興趣與歸屬感，這部分我們也會在後面的章節詳細介紹。香港的電影巨星成龍，曾在二〇一一年中國電影家協會的座談會上表示：「我要做黨員。」掀起了一陣議論。

成龍或許是因為想在中國博得人氣，才會發表這番言論吧。但如果我們單純看他這句話，或許也可以解讀成「我很羨慕黨員」，並且對黨組織的活動以及學習內容感興趣。

順帶一提，在計畫經濟時代，成為共產黨員有一個優點，「如果是黨員，在住宅抽籤時可能會比較有利」等，但近幾年就沒聽過這種狀況了。住宅主要是透過市場供給（有一部分是透過職場，提供給員工），因此與其說是否是黨員，還不如說是看有沒有錢，或者是職場的福利待遇是否充實等因素更重要。

在中國的大學工作後，我發現有許多學生雖然不是正式黨員，但也不算非黨員，而是屬於「預備黨員」。這些學生雖然不會特地向我這個外國老師表示身分或是炫耀，但因為會寫在各種資料（例如學生讓我看他們暑假打工時的履歷表）上，所以我會知道這些事。

所謂的預備黨員，是指已經表達入黨的意願，到正式入黨之前，還處在一種研習期間狀態的人。提出入黨意願者的條件，還包括年齡限制。得要十八歲以上才能提出入黨意願。因此在大學四年級之前，幾乎沒有什麼正式黨員，大多數都是預備黨員，或是還在更前面的階段、正處於提出入黨意願步驟的人。

當我剛到中國時，也曾經誤認過。很多還沒有成為預備黨員的人，會被稱為「積極分子」和「發展對象」，有點類似見習的成員。從外部來看，會覺得他們好像在從事黨的活動，因此很容易被誤認為預備黨員。不過，他們只是在接受成為黨員之前的教育，以及處在接受審查的階段而已。

2 審查很嚴格，很多資料要手寫

如果你希望加入日本的政黨，只要向住家附近的某個黨員索取申請書，並簡單填寫聯絡方式，就完成了。但是在中國，想要成為共產黨黨員，就要經過接下來描述的十二道步驟，才算完成。這個過程包括嚴格的審查與教育訓練，也有可能在中途失去資格。

雖然審查嚴格是好事，但從想要入黨的人的角度來看，準備審查資料就是十分龐大的負擔。相信許多人都能體會「以手寫來製作應徵資料」，究竟有多麼繁瑣複雜、多麼費心了。

即便現代的中國，在事務作業上都講求數位化、線上作業，但在入黨審查的過程中，還是經常要求提出手寫資料。相信是為了防止有人直接把資料複製、貼上吧。

《中國共產黨章程》（黨章）的第一章第五條，規定了入黨的申請與審查的程序，本書將會區分成四個階段來解說，就是：①提出入黨申請後，是否能成為「入黨積極分子」的階段、②「入黨積極分子」是否能成為「黨員發展對象」的階段、③「黨員發展對象」是否能成為「預備黨員」的階段、④「預備黨員」的階段。（出處：https://www.12371.cn/special/zggcdzc/zggczcqw/）。

這四個階段裡，分別有各自的審查。有入黨意願的人，必須要在每個階段製作審查用的資料，在不同的階段中，也必須接受政治思想、黨理念與規則的相關教育訓練。

審查時，除了黨組織內部的黨員意見之外，也很重視提出入黨申請者周遭人的意見。為了要判斷這個人是否足以信賴，自然必須聽取周遭人的意見。但換個角度想，對於接受審查的人來說，蒐集大多數人的意見並統整成資料，實在是令人心力交瘁的作業。想像一下，你在升學和找工作時，必須要準備的「推薦信」和「保證人」，或許就比較容易體會了。

3 入黨動機很重要，成為正式黨員得過十二關

首先，是提出入黨申請後，是否能成為「入黨積極分子」的階段。

一、有入黨意願的人須按照正式的書面形式，親自填寫入黨申請書並提出。然而這裡提到的申請書，和加入日本政黨時需要填寫的申請書大不相同，絕對不是簡單寫個姓名和聯絡方式就能了事，而是類似在找工作時，必須要寫的**「應徵動機」和「未來展望與抱負」**。

想要加入中國共產黨的人，在被問到動機和抱負時，必須要寫一些內容如「我不怕困難，會肩負起身為黨員的重責大任，抱持自我犧牲的精神，為人民的利益而奉獻」這類的文章。不過，有不少年輕人會上網搜尋一下入黨申請書寫法的範本，然後照抄，或是按照學校和職場前輩所說的依樣畫葫蘆。

很少年輕人會真正抱持自我犧牲精神，打從心底想要支持國家與人民。據我推測，那位過去曾經來找我商量的學生，當時應該就是處於提出申請書的階段吧。

一般來說，**入黨申請書必須交給所屬職場和學校裡的黨組織**。只有當職場和學校裡沒有黨組織時，才要把申請書交給地區的黨組織，不過這種狀況不常見。

公認的懶惰鬼，入黨大不利

在接下來漫長的審查過程中，會十分重視入黨志願者日常的表現與工作、讀書方面的態度。**在職場、學校中，如果被周遭的人認定是不努力、不認真的人，就無法成功入黨**。在日本，有些人有時候是因為「覺得職場的工作、學校的課業或是日常生活的人際關係很無趣，才會參與一些政治活動和政黨」，但以中國共產黨來說，是不可能讓這種人加入的。政治活動無法成為逃避現實的手段。

二、只要經過黨小組的推薦，以及比黨小組更高階的黨支部委員會同意，就能成為「入黨積極分子」。這裡所謂的分子，和知識分子的「分子」是一樣的意思，指的是屬於某個團體、某個階層的人，或是共同擁有某種特徵的集團、群體的意思。在這個階段，成為入黨積極分子後，就要填寫「中國共產黨入黨積極分子考察表」，表格中要填寫過去的獎懲紀錄、學歷等，就和履歷表一樣，但當中還有些特殊項目，不會出現在求職履歷表上（甚至是在日本的面試等場合中，被視為是不能詢問的項目）。

查看二〇一八年版的「中國共產黨入黨積極分子考察表」，一定會特別注意到後半記載的特殊項目：「何時以及在何處參加過反動組織或封建迷信組織嗎？當時所擔任的職務是什麼？」換句話說，**如果曾經加入任何宗教或和封建迷信祕密組織，就會在入黨時被大大扣分**。此外，中國共產黨本身就有宣示忠誠的儀式，這是從他們仍然和祕密結社相當類似的時期開始，就擁有的傳統儀式。對於已經參加宗教團體的人來說，可說是非常不利於加入共產黨。

三、成為入黨積極分子後，要經過一年以上的教育訓練。通過教育訓練後，就會審查是否能成為「發展對象」。順帶一提，根據二〇一九年度中共中央組織部（按：全稱為中國共產黨中央委員會組織部）《中國共產黨黨內統計公報》資料，二〇一九年全中國本土有一千八百九十九萬兩千多名入黨申請者，但入黨積極分子只有九百零二萬四千人左右。申請者當中，大約有半數能在這個階段獲得推薦，或者是獲得支部委員會的同意。

接下來是「入黨積極分子」是否能成為「黨員發展對象」的階段。

四、在成為入黨積極分子後經過一年，就會進行政治審查、評估是否能成為黨員發展對象。**政治審查最重要的，就是當事人對於共產黨的理論與方針，以及對於政府政策的態度如何。**此外，當事人對黨的歷史抱持什麼樣的認知，也會受到審查。同時，也會檢視當事人在日常生活中是否遵守法律與道德。而且，親戚與交友關係等狀況也會受到一一評估。

左右政治審查的，不光只是前輩黨員的意見而已，來自黨員以外的評價也會有所影響。這也是為什麼一般來說，都必須向工作職場和學校的黨組織提出入黨申請，而不是向地方的黨組織。就算政治方面有高度意識、經常踴躍發言，但如果平常的工作狀況差、學習態度不認真，就很難獲得良好的評價。

但試著詢問實際經過入黨審查的人的經驗，他們對於取得周遭人意見這個步驟的看法，與其說「很難獲得大家信賴」，倒不如說都覺得「要把周遭人的意見製作成資料，實在很麻煩」。把周遭人的意見整理成資料的過程，在往後其他階段也是必要的，因此大家所謂的「入黨很辛苦」，與其說是困難，還不如說是很麻煩。

五、黨支部的調查與商議。根據黨支部做的意見調查和周圍的意見為基礎，支部委員會會進一步商議。接著只要獲得了上級黨組織的同意，就能進入稱為黨員發展對象的階段。

接著，是「黨員發展對象」是否能成為「預備黨員」的階段。

六、黨員發展對象在成為「預備黨員」之前，會接受短期集中訓練。一般來說，**訓練期間是三天以上**。雖說是訓練，但基本上就是坐著上課。**一般都會用中共中央組織部所編輯，名為《入黨教材》的教科書。**

我第一次從中國大學生那裡借來的書，就是《入黨教材》。我當時詢問學生：「想加入中國共產黨的人，都要學習哪些東西？日本的學校完全沒有這樣的活動，所以我完全不了解。」學生們聽到我這麼說，隔週就拿了這本書給我。書籍本身滿厚的，讓我有點吃驚，因為那本書甚至比大學必修科目一學期分量的教材還要厚得多。最終我只讀了目錄，就還給他了。我實在懷疑，他們是否真能讀完整本書，不過至少他們一定會學習書中重要的部分吧。

入黨志願書怎麼填？網上都有範本可參考

七、填寫「中國共產黨入黨志願書」（以下簡稱入黨志願書）。此外，黨組織會指定兩名黨員，擔任「預備黨員」候選人的介紹者。在入黨志願書上填寫出生年月日、出生地、身分證號碼、附上證件照，到此為止看起來都和履歷表差不多，但最重要的是必須填寫「入黨志願」，相當於抱負與理想。

一開始要填寫對於入黨的態度是什麼。希望入黨時必須提出的「入黨申請書」與「入黨志願書」，除了和履歷表相似的部分外，這兩種資料都必須填寫自己的決心與抱負。但是「入黨志願書」還要加上至今透過學習與訓練，學到了哪些知識與想法，這一點就和「入黨申請書」不一樣。

一般來說，大家都會填寫「我志願加入中國共產黨，擁護黨的綱領，遵守黨的章程，履行黨員義務，一生奉獻給共產主義，為共產黨主義終身奮鬥，為黨與人民犧牲一切，永不叛黨」這種刻板文章。接著會填寫對黨的認知。在這個部分，就必須填寫關於中國共產黨的理念與歷史等基礎知識。只要按照時間序列，簡單扼要的闡述馬克思主義、毛澤東思想、鄧小平理論等就可以了（這邊會活用接受短期集中訓練時，寫在《入黨教材》中的共產黨歷史與理論等知識）。以文章的分量來說，這個部分會寫得最長。接下來寫自己的入黨動機、自身的優缺點，最後表明入黨決心。

網路上的「中國共產黨入黨志願書」的參考範文中，會看到一些「願意自我犧牲」、「一生為人民奉獻」等非常無所畏懼的句子。就算實際動機裡有以自我為中心的部分，或者是馬虎的態度，但他們在這個部分，還是會寫出看似英勇的句子。而且**絕對不能寫什麼「因為對找工作或出人頭地有幫助」這種話，即便這是自己心裡的實話。**

這和我們在推薦甄試和求職時，會寫出一些華美詞藻，或許沒什麼兩樣吧。這個部分不需要擔心，因為網路上能找到一大堆「中國共產黨入黨志願書」參考範例，就算不主動去找，通常前輩也會指導你。

順帶一提，如果教育水準不高、不會寫文章的人，也可以找人來代筆志願書。或許你會想，現代中國的識字率已經超過九五%，只要是年輕人，應該所有人都能閱讀寫字，應該不太需要找人代筆吧。

這是因為還是會確保幾乎沒受過教育、不會閱讀和寫字的人，也有管道能成為黨員。儘管黨員也算是某種「菁英」，意義卻未必與日本和其他先進國家所說的「菁英」相同。以傾向來看，的確可以說教育水準較高的階層，成為黨員的機率越高，但這不代表學歷與教育水準低的人，就不能成為黨員。不過，如果實在對學習不拿手，背不起來、甚至是無法理解黨的理念與歷史的話，在這個階段就會剔除。

八、在支部黨員大會上的決議，與上級黨組織的審查。黨支部的黨員大會上，會決定黨員發展對象是否能成為預備黨員，接著會向上級黨組織報告。上級黨組織會針對報告的資訊來審查。我們將會在第二章進一步說明黨支部與黨員大會。

九、上級黨組織派遣人員，與黨員發展對象面談。

十、上級黨組織實行審查，決議黨員發展對象是否能成為預備黨員。這裡的審查不是以個人，而是必須透過團體來審查，形式上也不需要像黨員大會上的決議那樣正式。

接著進入「預備黨員」的階段。

十一、獲得了上級黨組織的承認後，就要在宣誓儀式上宣誓。取得上級黨組織的認可，才能成為預備黨員。一開始，會舉行宣誓儀式，以讓成員成為新的預備黨員。一般來說，這種宣誓儀式是以支部為單位來舉行，不過有時候也會由總支部舉辦。

宣誓儀式並非隨時會舉辦，通常是一年一次。許多支部都會在七月一日、中國共產黨的建黨紀念日舉辦宣誓儀式。而在大學等教育機構中的支部，有不少都會定在五月四日青年節（五四運動的紀念日）舉辦。

他們會面向黨旗（紅底的大旗上描繪著黃色的鐮刀與槌子），說出以下的誓詞：

「我志願加入中國共產黨，擁護黨的綱領，遵守黨的章程，履行黨員義務，執行黨的決定，嚴守黨的紀律，保守黨的祕密，對黨忠誠，積極工作，為共產黨主義奮鬥終身，隨時準備為黨和人民犧牲一切，永不叛黨。」

宣誓儀式的形式規定在《黨章》第一章第六條，未經黨大會決議，是絕不能更動的。在二次世界大戰以前，中國共產黨就有入黨的誓詞，過去已經經過四次修改。換句話說，這是在中國共產黨掌握政權之前就有的規矩，也是一項很講究且拘泥形式的傳統，絕對不可依據現場的判斷和狀況就簡化。此外，透過讓黨員回想宣誓儀式的誓詞，自我惕勵，加深黨員的自覺，則被視為理想。

或許會有人覺得這種形式很帥氣，但肯定也有人不喜歡。不想加入中國共產黨的人當中，想必有很多人，除了對共產黨的思想和政策本身抱持抗拒感之外，更有對這種形式層面的抵抗。如果我是中國的年輕人，或許會開心的學習中國共產黨的歷史和理念（畢竟我都寫了這本書），但是我就連中學和高中的畢業典禮，都覺得有點應付不來了，或許更會抗拒莊嚴的儀式。

像這樣拘泥形式的儀式，也存在於海外華人的各種團體中，所以我想這當中或許也反映出某種「民族性」的一面吧。

十二、為期一年的預備黨員期間。在宣誓儀式過後，就進入為期一年的預備期。預備黨員有機會接受黨提供的教育訓練。此外，這段期間也被視為是持續自我鍛鍊的時期。在這段時間裡，他們會持續接受預備黨員的教育，也會從前輩那裡獲得評價，看是否真的適合成為正式黨員。在這段見習期間內，讓他們在組織中實際一邊工作，一邊接受人格與適性方面的評判，很類似求職時的試用期。

在這個環節，會針對是否認真盡到身為黨員的義務、是否具備身為黨員的條件來判定，一旦被認定為適合、有資格，一年後就能成為正式黨員。如果被判定必須繼續接受教育，就會延長預備黨員的期間，這也可以視為是某種留級吧。延長期間是半年以上、一年以內。要是超過這個延長期間，仍被判定為不具備黨員的條件，就會取消預備黨員的資格。如果預備黨員的資格被取消，當然無法成為正式黨員。這麼一來，過去的學習與努力都白費了。

違法黨規的話也是一樣，若是違反情節較輕，就會延長預備黨員的期間。違反情節重大的話，就會取消預備黨員的資格，這麼一來當然也無法成為正式黨員。

不過有一種狀況例外，如果是因病住院等情況，預備黨員的期間也有可能會被延長。

圖表 1　加入中國共產黨，得過 12 道關卡

1	按照正式的書面形式，親自填寫入黨申請書並提出。（後續經過黨小組推薦，或是更高階黨支部委員會同意。）
2	成為「入黨積極分子」（如果曾加入任何宗教或封建迷信組織，就會被大大扣分）。
3	須經過一年以上教育訓練。
4	入黨積極分子後經過一年，進行政治審查，評估是否成為「黨員發展對象」（審查當事人對於共產黨的理論與方針，以及對於政府政策的態度如何）。
5	黨支部的調查與商議。
6	接受三天以上短期集中訓練。
7	填寫「中國共產黨入黨志願書」（須填寫決心與抱負、至今學到的知識與想法）。
8	支部的黨員大會上決議，與上級黨組織審查。
9	上級黨組織配遣人員，與黨員發展對象面談。
10	上級黨組織審查，決議黨員發展對象是否成為預備黨員。
11	獲得上級黨組織承認，在宣示儀式上宣示，成為「預備黨員」。
12	為期一年的預備黨員期間，判定是否具備資格（若合格，便可成為中國共產黨正式黨員；若不合格，將延長預備黨員期間或取消預備黨員資格）。

4 學校老師、宿舍夥伴對你的評價，都列入審查

平安度過預備黨員的期間，就能名正言順的成為正式黨員。不過，也還是需要經由支部的黨員大會決議，以及上級黨組織的承認。

某個大學的黨組織，在預備黨員要成為正式黨員的審查中，還要求申請者必須要手寫五千字左右的資料，將學習政治思想的成果，寫成表明決心的五千字文章，這對大學生來說算是不小的負擔。不只如此，他們還會索求指導教授、甚至是宿舍和研究室夥伴、同學的意見。

實際上，各大學中成為新黨員的人數大致上還算穩定，每年度的數字不會有激增、激減的狀況，似乎是有一定的「限額」，不過應該不像入學定額那樣有固定的數字。恰巧某一個年度「有高度意識」的學生較多的話，成為

黨員的人數會略為增加，也可能會出現相反的狀況。這和接下來要說明的「不是像升學、就業一樣，為了要讓人落選而鑑別」，應該也有關。

5 無法成爲黨員的理由，與政治意識無關

如前所述，要成為中國共產黨黨員，和一般成為政黨黨員的步驟不同，必須經過漫長的過程。也和平常在找工作和升學時，所認為的選考過程不一樣。在入學和就職時，錄取及合格的人數有限，因此競爭通常相當激烈。但是在中國成為黨員的過程，似乎不像是在固定名額中彼此爭奪，互相爭搶椅子的遊戲。

在現代中國，有相當激烈的競爭，爭取非常有限的名額。比方說入學考試，或者是職場的職位競爭等，這種競爭比日本還要激烈。不過成為黨員的過程，不太像是這樣的狀況。

我曾經詢問某大學學生入黨的過程，要成為入黨積極分子階段的審查，

就從十五位中鎖定了十位。與升學和求職相比，似乎沒有那麼難（儘管如此，還是會帶給想要入黨的學生本人，一種「十分困難」的印象）。

這的確**是鑑別菁英的程序**，但這又和考一流大學、取得較難考到的證照，或是想要進入一流企業工作不一樣。在日本，越是跨越了激烈競爭的窄門，比方說經過了大學升學考試、取得了很難考到的國家證照，或者是進到大企業工作的人，就越會誤以為：「原來如此，要成為黨員，就要經過這種激烈的挑戰，擠破窄門，才能成為黨員啊。」雖然的確會經過嚴格的篩選，但審查的目的不是爭奪有限的名額，競爭也不是為了要排名次。不如把它想成「淘汰」不符合基準的人，會更為恰當。

對中國共產黨而言，與其說想要精簡黨員人數，還不如說想要增加更多（要說理想的話，他們或許想在質與量雙方面擴大，但這充其量不過是理想罷了。這一點，不管在什麼團體和組織或許都是如此）。日本的政黨也想要盡可能增加黨員和支持者以擴張勢力，成為更強大的組織。在這一點上，他們與其他的政黨根本上是一樣的。誇張一點假設，如果所有人民都是自己政黨的忠實黨員和熱衷支持者，這對政治家來說，是再好不過的事了。

但從另一方面來說，要是讓所有人都成為黨員，發生了更多不幸事件和醜聞的話，就會招來黨內外不信任與懷疑的聲音，指導和監督問題黨員也很費事，這樣反倒造成困擾。就連現在，便有很多黨員爆發壞事和醜聞，因此絕對不能簡化人才培育和篩選的步驟。因為如此，他們才會透過漫長的階段，來篩選與判斷是否能成為黨員。

不過，儘管前面提到，要成為共產黨黨員，必須經過漫長嚴格的篩選，但其實一般來說，大學生要成為黨員，不會那麼困難。自僱業者和無業者沒有所謂職場的黨組織，要透過地區黨組織成為黨員的話，就會比透過大學和軍隊裡的黨組織成為黨員來得困難。若是學校和軍隊，就可以了解日常的生活態度，也會有很多機會能從言行舉止中，看出當事人的思想信念。

中國的大學幾乎全是住宿制，正因為如此，**周遭人就會知道這個人平時的生活態度和真心話**（部分位處較富裕地區的大學，開始出現寄宿生和住在家裡的學生，但大部分大學的學生還是過著住宿生活）。但即便希望加入共產黨的申請者到地區的黨組織提出申請，因為比較難詳細了解申請者對工作和生活的態度，甚至思想都可以當場偽裝、掩飾，這一點也是沒辦法的事。

另外，儘管這樣的狀況不多，但在黨員遴選過程中落選的人，有時候也會非常不服氣。畢竟這和筆試與技能測驗不同，是看政治意識和思想信條，所以比起考試落榜的狀況，落選的人想當然耳會不服氣了。除此之外，**溝通能力不足和缺乏協調性，也會是「無法成為黨員」的理由**，這就讓狀況更複雜了。我經常聽到在中國的大學黨組織裡活動的學生這麼說：「要說服沒辦法成為黨員的學弟、學妹，實在太辛苦了！」、「學弟、學妹一直在抱怨，真是頭痛。」

6 不只拉攏學生，更吸收社會賢達

成為共產黨黨員的過程，由於目的並不是要剔除人，而是要找人才，所以共產黨黨員經常會邀請非黨員加入。在名義上，入黨申請必須依據自己的意願，但大學等教育機構，經常有推薦學生入黨的活動。

雖然說是招攬、邀請，或許稱作「告知」更為恰當，但據說也有積極邀請中高齡成功人士的狀況。這種情況，或許說是「說服」更為貼切。

在中國，有很多人雖沒成為共產黨黨員，但在職業上仍爬到了必須背負重大責任的職位。比方說在教育、研究相關領域中，長期在外做研究、時隔多年才回到祖國的人，雖升任教授這類較高的職位，卻不是黨員。像這樣的例子並不稀奇。又或者是創業後公司規模成長，但創業者和創業初期的公司幹部並未入黨，這種例子也很多。

因此他們經常會積極邀請這些，在社會上和職場中擁有較大影響力的非黨員入黨。黨員會說服他們：「要不要考慮入黨？」、「希望您務必提出入黨申請」。

改革開放之前，在社會上擁有重要地位、卻不是黨員的案例沒有這麼多。但隨著中國在一九九〇年代末期的市場經濟化與國際化，之後就逐漸出現不是共產黨黨員，但位居重要地位的人。

二〇〇一年，上海市紀律檢查委員會及上海市監察委員會所進行、稱作「雙向進入」的做法，還算是比較舊式的。不過這樣的做法被視為模範案例。所謂的「雙向進入」，就是同時鼓勵企業幹部成為黨員，並任命企業內黨組織的幹部成為企業幹部。企業內的黨組織經常會影響公司治理，我們在之後的章節也會詳細說明。

第2章

中國共產黨最重要的組織：黨支部

一般來說，討論中國共產黨時，都很容易把焦點放在所謂「黨中央」的高層。當我對朋友說，我正在寫一本關於中國共產黨的書之後，他就開始一直問我關於主席的動向、黨中央的預測等，這些我完全不知道的事，讓我感到十分困擾。就算我回答：「我不是寫這方面的事，是有關地區和職場等基層黨員的內容。」但對方如果不曾在中國居住，或是不那麼熟悉中國的狀況，一定還是不太能理解。

「中國共產黨黨員有九千萬人以上」，儘管各式各樣的報導都會提到這個事實，但這些黨員們平常在哪裡、做些什麼，恐怕沒有什麼人關心。其實大部分黨員都隸屬於「黨支部」。而會出現在新聞中的中國共產黨高層幹部，最初也接受了黨支部的教育訓練。

黨支部不僅管轄大半黨員，**中國共產黨在與非黨員接觸時的「最前線」，也是黨支部**。儘管在日本，人們很少會關注黨支部，但在中國，黨支部卻被稱為「黨最重要的組織」。

一件事情能否成功，與其看抱持著什麼樣的理念、戰略與方針，更重要的是如何傳達、說服、共享與實現。此外，為了擁有符合現實的戰略與方針，就必須具備一套能汲取現狀的機制。這是非常理所當然的，在我們工作的組織中，大都擁有這樣的架構。

無論是什麼樣的組織和團體，都不可能「只靠頭腦」生存下去。還必須實行基層的擴大人才招募、培養，蒐集基層的資訊情報，以及將高層意志與組織的理念傳達給末端的人。

組織不能光靠頭腦，還得有手腳走動

對於中國，許多報導總是強調一些限制言論自由、限制報導自由，或者路上設置的監視攝影機、網路諸多控管等，「從上往下控管」的層面。儘管這也是事實，但是讓我困惑的是，有很多人誤以為，中國現有的體制只是靠這些機制在維持。

即便先不論中國的體制是善是惡，但**光靠限制和監視這類「防守」，是無法維持權力的**。社會和人類絕不會這麼單純。

我們可以舉出，**中國作為「進攻」的政治宣傳，也就是中國人一般稱呼**

的教育宣傳。當提到中國的政治宣傳時，日本也會關注電視和其他媒體等的動向，卻忘記了最重要的東西。

在傳遞訊息、說服他人時，大多數活生生的人，比什麼媒體都要來得更強大（或者說是最強而有力的媒體）。如果是受過教育且經過組織化的人，力量可說是更為強大。黨支部向地區和職場中扎根，並發揮著向周遭人實行政治宣傳的功能。根據狀況不同，有時他們要堅定不移的與人對話、說服，有時也需要具備聽取各式各樣不滿的功能。

在中國，要向非黨員和長住的外國人說明中國共產黨，或是中國共產黨的目標與方針時，地區和職場裡的黨員，比電視和報紙等媒體更為重要。

此外，黨也必須持續教育和訓練黨員。人類的意志和能力，如果沒有任何外力，會隨著時間的經過而衰退。前一章曾提到，必須要對黨與國家宣示忠誠，才能成為黨員。但就算這樣的忠誠心，若不經過教育和訓練等持續刺激，也會逐漸衰減，或者是因某個契機而消失無蹤。因此必須要持續性的教育和訓練黨員。而黨支部就發揮了這項功能。

1 只要有三名黨員，就得設立黨支部

中國共產黨在《黨章》的第五章中，定義了黨支部究竟是什麼樣的組織。「企業、農村、機關、學校、醫院、科研院所、街道社區（關於街道社區，會在第四章詳細說明，指的是都市裡區域性的社群）、社會組織、人民解放軍連隊和其他基層單位，凡是有正式黨員三人以上的，都應當成立黨的基層組織。」（資料來源：https://www.12371.cn/special/zggcdzc/zggcdzcqw/#diwuzhang）

先前在第一章說明了入黨的程序，提到對入黨申請者採行的各種手續、教育訓練等，這些基本上都是黨支部的工作。此外，預備黨員一邊接受指導，一邊實際從事共產黨活動時，主要的場所也是在黨支部。在制度上，大約是由三至四十九名黨員組織一個支部。**在職場和地區中只要有三名以上黨員，就必須設置支部。**

相反的，一定會有人疑惑，如果支部的黨員不到三人，或者是這個職場或區域裡本來就沒有三名黨員的話，要怎麼辦？這時候他們就會和附近的支部聯合。如果是企業和大學，黨員就會和附近的企業及學校的支部合作，一起從事黨的活動（事實上，很難想像大學等單位裡，黨員少於三人以下）。地區的黨組織也會和附近區域的黨組織，聯合實行黨的活動。如果是聯合黨支部的話，支部委員會和書記的設置基準，也和一般的黨支部一樣。

大學學生所組織的支部中，尤其是某些學系，依不同年級組成支部的話，那麼越低的年級要達成「三名以上正式黨員」的條件，就越困難。這個時候，他們就會和別的學年，或其他主修科目聯合起來組織黨支部。如果黨員在五十人以上，就會設置多個黨支部，並且成立有階層結構的組織。這一點會在後面的內容詳細說明。

日本也會在各地區設置政黨支部，但是和中國在各學校及企業中設置的狀況大不相同。日本政黨的黨員，基本上都會在地方上集會及從事政治活動，但中國共產黨的黨員，基本上活動的場域就是職場和學校。許多隸屬於地區黨支部的黨員，都是已經退休的老人。換句話說，職場裡有黨支部的人，就不隸屬於地方的黨支部。如果是還未退休的黨員，不會參加自己居住地區的黨支部活動，而是會參加職場裡的黨支部集會。這一點和日本非常不同，須特別留意。

學校及企業中所設的黨支部，基本上都遵循其組織原本的基層結構來設置。也就是說，如果是學校的話，會按照學系或者是研究所主修科目來設置支部。企業的話，就會在不同的部門裡設置支部。在學校中，教職員黨員就會成為教職員黨支部的成員，學生的黨員和預備黨員，大都成為學生的黨支部成員。

黨支部是設置在中國共產黨的組織末梢，算是最基礎的單位。基本上，中國共產黨和其他大多數的組織相同，都呈現金字塔型的組織結構。而黨支部就是構成金字塔結構底層，最基礎的部分。

黨支部不僅是因為「位在組織末端，所以重要」，同時也是因為扮演了中國共產黨與「群眾」互動的角色。就如同第一章提到的，入黨申請者不能突然向黨中央提交入黨申請書。通常都是向學校和職場的黨支部提出申請，因為黨支部是最接近群眾的黨組織。至於「群眾」嚴格來說是什麼，將會在下一個章節詳細說明。

2 每個人都有代碼，辨別你屬於哪種人

若是要以日文描述中文的「群眾」一詞，一般都會用漢字「大眾」來表達，但本書為了強調群眾原本的意義，將會刻意保留「群眾」這個用詞來說明，而不翻譯為大眾。本書提到的群眾，是中國以國家規格所定義的（可以定義成與中國共產黨黨員相反的存在），因此如果翻譯為大眾，並不恰當。

事實上，「群眾」與大眾、人民這些用詞，有著幾乎相同的意義，以這一點來看，中國這個用詞，就和日文中的「群眾」沒有太大差異。此外，這個用詞也意味著相較於領導和菁英階層，處於相反的位置上，屬於被領導的大多數人民。在日語中，這個詞也能解讀成「消極、被動的愚民」，但不一定帶有負面印象。在中國各個都市裡，都有道路被命名為「群眾路」。此外，在國共合作時期及國共內戰時期，中國共產黨出版的雜誌中，就有名為《群

眾》的雜誌。另外，毛澤東思想的大眾路線，在中國就被稱為群眾路線。**在中國，群眾指的是「沒有特殊政治身分的人」**。換句話說，**就是非中國共產黨黨員、非預備黨員**，也不是中國共產黨以外黨員的人。不過，這裡的群眾和日本所指的「沒有支持的政黨的人」、「無黨派者」、「浮動選民」又不太一樣。

在中國，一個人對於政治上的歸屬情況等政治傾向，會以國家標準局的規格「政治面貌代碼（GB/T 4762-1984）」來定義，並有明確的區分。也就是說，會由一種如同日本產業規格（JIS）或ISO國際標準化規格等明確的基準，被歸類在明確的號碼並規格化。

國家標準政治面貌代碼的「〇一」號是中國共產黨員，「〇二」號是中國共產黨的預備黨員，「〇三」號是中國共產主義青年團團員，「〇四」號到「一一」號則是中國國民黨革命委員會和中國致公黨等，在中國被認可的八個公開政黨（與中國共產黨有共存關係的中國少數政黨，這些黨被稱為參政黨，但充其量就是與執政黨屬於合作關係。他們與日本的在野黨屬性不同）的黨員，「一二」號是無黨派民主人士（雖然沒有參與政黨，但對中國的革命和民主運動有貢獻的知識分子及運動人士。**這裡所說的民主運動，指的是與新中國成立有關的政治運動**，也就是支持中國共產黨的運動。和日本與美國媒體所說的「中國民主化運動」完全相反，這一點請特別留意），「一三」號便是「群眾」。

以標準化規格來定位政治面貌，相信一定有很多人會覺得

圖表 2　中國國家標準局的「政治面貌」區分

號碼	政治面貌	簡稱
01	中國共產黨黨員	中共黨員
02	中國共產黨預備黨員	中共預備黨員
03	中國共產主義青年團團員	共青團員
04	中國國民黨革命委員會會員	民革會員
05	中國民主同盟盟員	民盟盟員
06	中國民主建國會會員	民建會員
07	中國民主促進會會員	民進會員
08	中國農工民主黨黨員	農工黨黨員
09	中國致公黨黨員	致公黨黨員
10	九三學社社員	（無簡稱）
11	臺灣民主自治同盟盟員	臺盟盟員
12	無黨派民主人士	（無簡稱）
13	群眾	（無簡稱）

（中華人民共和國國家標準局〔1984 年〕政治面貌代碼〔GB/T 4762-1984〕。）

奇怪。不過這個項目**必須輸入職場名單和資料庫裡**，標準化之後就能避免混亂，也能簡化事務上的手續，或許作業起來會比較方便。

我在中國的大學任職時，可以從職場的入口網站閱覽、修改自己所屬的學科、部門，以及學歷等資料，當然一看到政治面貌那一欄時，不知道為什麼竟然是一三號的「群眾」。我覺得群眾一詞很尷尬，因此想從下拉選單（選項就和圖表一的內容完全相同，也就是說，他們完全按照國家標準的規格、一字不改）當中，選取其他政治面貌的選項。但我知道名單中好像沒有日本政黨等國外的政黨，因此就接受了：「啊，原來我是群眾啊。」

後來，我認識的中國人告訴我，外國人的政治面貌根本無關緊要，不過或許是有人輸入錯誤了吧。在中國，像這類事務手續上的錯誤層出不窮，尤其這在不習慣和外國人接觸的內陸，不算是什麼罕見的狀況。

3 基層經驗的影響力，大於機關出身

誠如先前所見，在中國，群眾意味著構成整個社會的大多數人。而群眾生活的場域，也是黨與群眾接觸交流的重要場所，那就是中國社會的基礎——「基層」。

黨中央握有實權的政治家們，平時很少有機會與一般人交流，就算領導階層重要人物會透過媒體和大規模典禮儀式等發表言論，但也是單向發言，更何況，也不知道這些訊息，是否真的傳達給民眾了。

中國共產黨不只有單向的發表訊息，他們同時也和群眾之間有著互動關係。而**得以實現這種互動的，就是比「地方」還更貼近人們日常生活的「基層」。**

如果每天在中國，過著與當地人互動的生活，就會切身理解基層的意義。但因為日本沒有相同的概念，大多數人只有很模糊的理解。我為了寫這本書、

在找各種資料之前，也僅有曖昧的理解：「草根社群？」

在土壤學和土木工程上使用的意含，中文的「基層」和日文基本上是同義的。但另一方面，中文的「基層」還作為政治、社會層面的用語，這是日文所沒有的。在日常生活中，中文的基層，通常都是用在這方面的脈絡上。本章講述的基層，也並非土壤或土木工程方面的意思，而是政治、社會用語中的基層。

被當作政治、社會用語的基層，意味著較低的底層、基盤、土基等意思。各位可以想成是「（階層組織中）上意下達時的最底層」、「（組織決策時）由下而上時的最下層」、「距離中央最遠的末端層」、「金字塔組織最底層」。

不過儘管基層一詞，含有「較低」的意思，卻沒有二流、劣質、無力等負面的意含。這和日本漢字中的「下流」（按：相對於上流，為下層之意）、「底邊」意思不同，還請各位留意。若要刻意借用感覺相近的用語，大概就是第一線、草根等詞彙。在日本，談論中國社會的書籍與雜誌報導中出現「基層」一詞時，幾乎都是指都市中非常小範圍（比方說鄰里內）的狀況，或者是農村地區內的事。但在討論黨組織的基層時，如果光以「較低階層」的意思，就會有些搞不懂了。

什麼叫基層？與群眾接觸的都算

黨組織對基層的定義，指的是不屬於中央、也不屬於地方的黨組織。如果大致分類中國共產黨的組織，可以分為中央、地方（縣以上、省以下）與基層這三種。黨支部就是最基本的基層黨組織。在日本所探討的中國共產黨資訊，大多數都是針對中央。但實際上，**大多數的中國共產黨員都屬於基層黨組織。**接下來的章節會解說這一點。

中國共產黨的地方組織指的是縣、區以上層級的黨組織，所以比縣、區更小（下級）的單位，例如**社區、鎮、村的黨組織，就是基層黨組織。**這種情況下，我們就可以把基層理解為較底層、下級、基盤。

基層黨組織是比縣、區更下級且更小的黨組織，到此為止感覺上應該還容易理解，不過離「中央近」或者「規模大」的職場和學校中，也會設置基層黨組織。前面也曾提到，企業、學校、科研院所中會設置基層黨組織。在學生人數多達數萬人的大學、好幾萬名員工的企業中，也同樣存在。

而會讓人聯想到一流、上層的學校和職場，其實也有基層黨組織。例如北京大學和中國國家鐵路集團（中國國鐵）等，「與中央距離非常近」的學校和職場中所設置的黨組織，也會被定義為基層黨組織。這方面可能就讓人比較難以理解。不過，下一章會更詳細的說明，中國共產黨的組織階層。

或許有點離題，不過在提及中國的政治人物和行政官員的經歷時，相對於提到基層或基層出身的案例和職涯，也漸漸會有稱呼**「基層經驗」等情況**。**而反義詞是「機關出身」**。如果行政長官有很長一段的經歷，是在與群眾接觸的部門工作的話，會用基層出身來形容，也就是所謂第一線出身、由現場鍛鍊出來的。另一方面，從市政府等行政機關，開始累積經歷的行政長官，就大都被稱為機關出身。包含本書在內，在論述黨組織的區分時所稱的「基層」，就沒有這個意含，這一點還請多留意。

在這種狀況下，又該如何理解基層的反義詞「機關」？我試著詢問我居住在中國時的前同事，他說只要把機關的意思，理解為「主要的工作是事務和管理業務」就可以了。

基層黨組織中，也有「機關基層黨組織」和「機關黨支部」的區別，因此如果提到黨組織的區分時，把基層和機關看成反義詞的話，就會令人一頭霧水。此時的機關，指的不光是行政機關，也可能是指專門從事黨務的黨員比例較高。

如果混淆了行政機關和自治組織的事項，以及黨的事項的話，就很難理解實情。在理解中國的地區與社會時，重要的是要把行政與黨政區分開來，並掌握這兩者之間的關聯。

話說回來，基層可說是中國社會的基石，而中國共產黨便在其上建立組織，藉此**將存在於社會各個領域的黨員組織起來，並讓這些黨員擔負與群眾接觸的角色**。或許也可以說，在日常生活中和群眾接觸的末端黨員，都已經組織化了。

對於中國共產黨末端組織——基層黨組織而言，最基本的單位就是黨支部。基層黨組織的概念，包含了將多個黨支部結合在一起的黨總支部及基層黨委員會。關於比黨支部更上層的黨總支部和基層黨委員會，我們會在下一章解說。我們首先看看最基本的組織——黨支部。

4 中國黨支部的八大基本任務

黨支部不僅針對黨員，同時也是中國共產黨接觸群眾時，很重要的組織。我們在第一章提到，如果有人想要入黨，黨支部便承擔起教育訓練與審查的責任。黨支部除了教育黨員之外，同時也要負責監督。此外，徵收黨費也是由黨支部處理。

我想，大家會疑惑，中國共產黨黨支部的工作究竟是什麼？這也是理所當然的。基本上，**黨支部的工作就是學習、討論和宣傳。**更具體一點說，就是政治學習、思想學習、政治宣傳及通知，吸收包含群眾在內的人民意見，以及說服。以下八點就是黨支部的基本功能：

（一）（不只對支部成員的黨員，也對群眾）宣傳黨的理論與基本路線，並貫徹到底。

（二）組織化支部黨員的政治學習並實行。
（三）教育與管理、監督支部黨員，並提供服務。
（四）密切聯繫群眾。不只對群眾說明黨的政策，也要吸取群眾的要求與意見。
（五）發現、教育、訓練志願入黨者（如前一章解說的活動）。
（六）監督黨員幹部以及其他人員遵從法令。
（七）基於事實，對上級黨組織提出意見與報告。
（八）向群眾和黨員通知、公開黨內的相關事務。

（整理自《中國共產黨支部工作條例（試行）》第三章第九條。黨支部的基本任務是：
（一）宣傳和貫徹落實黨的理論和路線方針政策，宣傳和執行黨中央、上級黨組織及本黨支部的決議。討論決定或者參與決定本地區、本部門、本單位重要事項，充分發揮黨員先鋒模範作用，團結組織群眾，努力完成本地區、本部門、本單位所擔負的任務。

（二）組織黨員認真學習馬克思列寧主義、毛澤東思想、鄧小平理論、「三個代表」重要思想、科學發展觀、習近平新時代中國特色社會主義思想，推進「兩學一做」學習教育常態化制度化，學習黨的路線方針政策和決議，學習黨的基本知識，學習科學、文化、法律和業務知識。做好思想政治工作和意識形態工作。

（三）對黨員進行教育、管理、監督和服務，突出政治教育，提高黨員素質，堅定理想信念，增強黨性，嚴格黨的組織生活，開展批評和自我批評，維護和執行黨的紀律，監督黨員切實履行義務，保障黨員的權利不受侵犯。加強和改進流動黨員管理。關懷幫扶生活困難黨員和老黨員。做好黨費收繳、使用和管理工作。依規穩妥處置不合格黨員。

（四）密切聯繫群眾，向群眾宣傳黨的政策，經常了解群眾對黨員、黨的工作的批評和意見，了解群眾訴求，維護群眾的正當權利和利益，做好群眾的思想政治工作，凝聚廣大群眾的智慧和力量。領導本地區、本部門、本單位工會、共青團、婦女組織等群團組織，支持它們依照各自章程獨立負責的開展工作。

（五）對要求入黨的積極分子進行教育和培養，做好經常性的發展黨員工作，把政治標準放在首位，嚴格程序、嚴肅紀律，發展政治品質純潔的黨員。發現、培養和推薦黨員、群眾中間的優秀人才。

（六）監督黨員幹部和其他任何工作人員嚴格遵守國家法律法規，嚴格遵守國家的財政、經濟法規和人事制度，不得侵占國家、集體和群眾的利益。

（七）實事求是對黨的建設、黨的工作提出意見建議，及時向上級黨組織報告重要情況。教育黨員、群眾自覺抵制不良傾向，堅決同各種違紀違法行為作鬥爭。

（八）按照規定向黨員、群眾通報黨的工作情況，公開黨內有關事務。）

上述的八項工作，都被記載在《中國共產黨支部工作條例（試行）》中，被明訂為「基本任務」，中國共產黨的所有黨支部都應該完成這八項工作。而且會看**黨支部被設置在什麼樣的領域中，工作重點也會有所不同**。

例如（五）的「發現、教育、訓練志願入黨者」，就由設置在大學及其他高等教育機構中的黨支部為中心來活動。而設置在地方的黨支部，就不太需要負責這個部分。因為地區的黨支部通常不會收到太多入黨申請。

此外，國有企業和行政機構在（六）「監督黨員幹部以及其他人員遵從法令」方面，就占有極重要的角色。若是設置在地區的黨支部，就要在（四）「密切聯繫群眾」方面擔負重大的責任。反過來說，國有企業的管理性部門和行政機構，在與群眾接觸這方面就沒什麼負擔，因為他們與農村與都市社區不同，非黨員的比例沒有那麼高。

除了基本的工作之外，根據不同領域，黨支部的行動更有鮮明的區分。下一個章節將詳細說明這個部分。

5 農村、企業、大學、職場，都有黨支部

前面提到，黨支部必須完成前述八項基本的任務。但隨著黨支部的性質不同，功能也不相同。地區別的黨支部和企業中的黨支部，工作非常重要而且難以理解（然而，這不過是我們這種局外人覺得難以理解罷了。對黨支部的成員來說，應該是理所當然之事）。因此我想要在後面的章節，更詳細的為大家說明。

設置於地區的黨支部，管經濟與福利

設置在村裡的黨支部，不只是在政治層面，在經濟、福利層面也必須發

揮其功能，比方說農村的產業振興、為了脫離貧困而提供解決方案等。相較於其他領域，**設置在村裡的黨支部，責任可說是既廣泛也繁重**。

在都市地區（被稱為「社區」，我會在下一章說明其定義）中設置的黨支部，就要擔起居民福利方面的功能。為了提供人民公共服務，必須要建構平臺，並推行改善居民福祉的工作。或許有很多人會覺得奇怪：「福祉和公共服務明明不是政黨的工作，是國家行政的工作吧？」關於這個問題，其中含有中國獨特的提供公共服務的架構，這一點會在第四章說明。

大學的黨支部，主導教育

大學等高等教育機構中的黨支部，被要求要貫徹、實行黨的教育方針，並在學校中建立基礎，足以指導社會主義思想的意識形態。政治思想教育被視為是「德育」方面的教育。

在二〇一〇年代後半，中國的教育政策和思想教育方面的文章中，頻繁的出現「立德樹人」這樣的詞彙。這個詞是把「立德」和「樹人」這兩個詞合併在一起而出現的。

「立德」是引用自古籍《春秋左氏傳》，也就是字面上的意思。「樹人」也是引用自古籍，來自《管子》的「終身之計，莫如樹人」。近年來日本幾乎不使用樹人這種詞了。不過似乎到近代之前，日本也都還有人會用到這個詞。「百年之際莫如樹人」、「教育是國家百年之計」等，儘管聽起來有點陳腐，不過都是樹人的意思。

也就是說，立德樹人的意思是「以長期性的觀點，有耐性的培育具備德行的人才」。在高等教育機構中的黨支部，也被要求擔負起立德樹人的工作。也就是說，在中國，**政治思想教育與道德教育，是不可分割的**。

職場中的黨組織要肩負企業文化

國有企業與集體所有制企業（勞動者擁有的企業）當中的黨支部，被視為在企業組織中應該擔負指導的任務。他們必須參與（不只是政治層面，也包含事業層面）重要事項的決議，並肩負起建立企業文化的責任。國有企業中的黨組織角色非常重要，與建立企業理念、公司治理（Corporate Governance），以及企業社會責任（Corporate Social Responsibility）等，極為現代化的問題密切相關。這些算是稍微複雜的狀況，會在後面章節詳細說明。

不過民間企業中的黨支部，功能就和國有企業不同。例如監督企業忠誠度、促進員工的團結等。此外，他們也需要指導工會，促進企業健全的發展。國有企業的黨支部，在企業中扮演的是指導性的角色；而民間企業中的黨支部，比較算是確認的角色。這時候就會出現一個問題，到底該如何定位外資企業中的黨支部？這個問題有點複雜，我們會在後面說明。

也有黨支部是為了「流動黨員」而存在

流動黨員真的是很「現代中國式」的存在。所謂的**流動黨員，指的是在較長期間（三個月以上）裡，沒有固定工作以及居住地的黨員**。

隨著市場經濟化和資訊科技發展，不只是轉換工作行業和居住地的人，到外地工作和從事自由業的人也越來越多。現代很多中國人的工作型態，都是所謂「靈活就業」的方式。例如過去的短期工和幫傭，就是其中的典型。或許各位會感到意外，但是現代中國有非常多民工（為了工作、從農村到城市的人）黨員，或是離開家鄉、到都市工作的幫傭黨員。從二〇一〇年後半開始，更出現了許多透過網路平臺接單，從事「外賣」——食物外送（按：如同臺灣的 Uber Eats 和 foodpanda）服務的外送員。

在過去，這類的彈性工作大都很辛苦，薪資報酬低，而且工作狀態不穩定，很多都是大家能不做就不做的工作。不過近年來，這些漸漸不再是「划不來」、「盡可能想避開」的工作了。例如網紅、電競遊戲相關人士、直播帶貨（在抖音等影音平臺上，以直播的方式販賣商品的業者）、網路小說家，這些都是年輕人崇拜的對象，其中也有憑藉著實力、獲取高額收入的工作。

黨組織設置在學校、職場和地方。在過去，中國較少換工作和搬家的現象，所以問題不多。但現在，越來越多黨員會有短期就業和搬家的情形，因此就會面臨該如何組織這些流動人才的問題。針對這些因短期間就業而經常搬家的黨員，或是從大企業離職，開始過著類似自由業生活的黨員，該如何讓他們不脫離黨的活動，便十分重要。其中不僅是為了不讓黨員感到孤獨、孤立，這種溫情的層面，也是為了不讓中國共產黨的組織力量弱化。如果因為黨員轉職或搬家，便流失成員，削弱黨的力量，就「太可惜」了。

流動黨員向原本的職場和學校的黨支部提出轉出申請後，就能獲得一張名為「流動黨員活動證」的證書。之後就與一般的黨支部一樣，**只要召集三名以上的流動黨員，就能組織支部**。不過，畢竟這些人的居住場所和職場經常遷徙，所以比較難定期聯絡和聚會，因此要組織流動黨員的黨支部，就比在職場和學校中組織黨支部還困難。

「流動黨員組織化」，儘管這樣的方針非常明確，但中國似乎仍在摸索和試錯具體的實行方式。對於為了流動黨員而存在的黨支部而言，**最重要的就是讓黨員「持續與組織聯繫」以及「持續教育」**。具體而言，就是舉辦學習會、表揚在各個領域中活躍的黨員等活動。此外，還有一項必要功能，就是徵收黨費。

說到為了流動黨員而設的黨支部，相信中國共產黨也設法不讓流動黨員增加。他們也希望讓沒有固定職場和居所的黨員，盡可能歸屬於職場與區域的黨組織。

例如，中國大學生找工作的方式與步驟，就和日本不一樣，很多人都是在畢業後，才決定要去哪裡上班。他們在畢業後不久，就必須離開大學的宿舍，如果還沒決定要去哪裡就職，就無法決定居住地。黨員如果是大學畢業生，工作也還沒確定的話，比起成為流動黨員，更多人會回歸老家當地的黨支部。另外，針對派遣工和短期工，如果派遣的職場有黨支部的話，也會盡可能讓他們加入該黨支部。

6 最重要的任務：思想教育和學習黨規

先前屢次提到黨員在黨支部中學習，相信各位一定會想：「具體來說，他們到底都在黨支部學習什麼？」基本上，該教育和入黨前的教育，沒有太大差異。最重要的，就是政治思想教育與學習黨章、黨規。

在政治思想方面，由於每次更換領導人，就會出現更新的部分，因此就算入黨前已經學習了許多，但之後仍然必須繼續進修（例如一九九〇年代入黨的人，入黨前就未曾學過「三個代表」的理論。二〇〇〇年代入黨的人，入黨前就沒學過習近平思想。如果不學習的話，就不具備、無法理解這方面的知識）。

中國共產黨的黨章和黨規也時常會修正，因此必須持續學習。本書中也會提到一小部分黨章和黨規的內容。另外「重要政策」雖然不比政治思想、黨章與黨規重要，但有時也得學習。例如在二〇一〇年代後半，就舉辦了「反腐敗」與「法治」相關的學習與活動。

黨組織的成員之所以要持續學習，主要目的是因為要讓黨中央（也就是上層）的願景，滲透到組織的末端。中國是一個各地區的差異和特性都非常大的國家，不過在黨組織的理念、方針和活動內容上，每個地區的差異卻很小，並且有著一定的標準。例如在二〇一〇年代後半，他們要求黨員背誦的「社會主義核心價值觀」，不管是在北京、上海，還是在鄭州、西安，基本上內容都一樣。

至於**學習的方式，據說是混合了課堂聽講與討論發表的形式**。不只是在黨支部的聚會學習，黨員也必須要運用自己的時間閱讀文獻。也就是說，他們必須要自學。除此之外，黨支部裡也會補課和輔導。我聽參加的人說，形式幾乎就像是在學校上課一樣，之後還會有類似講座形式的活動，要發表和討論。

黨支部必須要確認黨員的學習狀況，不過這與其說是現實，還不如說是

「理想」、「應該如此」。此外，這類的學習與其說是為了累積知識，實際上是為了政治實踐，因此也必須評估「是否經過思想改造」這一點。

中國這個國家，社會變化非常快速，我認為其中一個因素，就是有「必須持續學習的人們」。無論年輕時再怎麼努力、學習到多少知識，那些知識也會變陳舊。有時候甚至會追趕不上現實的進步。更何況說到政治思想和經濟思想這類，與現實社會相關的知識，更是如此。

關於這個問題，我經常會覺得日本的中高年齡層，特別是高學歷的中高年齡層非常可惜。即便是頭腦不差的人，儘管在年輕時努力的讀書學習，但除了一部分專業人士以外，他們過了青年期後，大都會放棄學習。他們對於與自己的工作沒有直接相關的事，都還處在老舊的認知（最壞的狀況就是，就連和自己的工作有關聯的事，也不再進修學習。比方說，他們不學習電腦和網路的基本使用方式，只是一直使用傳真機）。

先不論中共黨員學習的內容是否中立，但是他們擁有不斷更新知識與思想的集團，而且這個集團支撐起政權及各界的社群團體，這就是中國很大的強項。

7 任何活動，都不能拿愛國心開玩笑

黨支部主要是針對黨員進行教育，宣傳（政治宣傳）活動則主要針對群眾。在日本，掌握中國共產黨發出的訊息時，都會認為一切皆是「政治宣傳」，不過教育和宣傳還是要分開來看。

一說到「宣傳」，或許各位會想像大眾傳媒、出版品，或者是在戶外、公共場懸掛的大規模宣傳標語等，但其實不僅止於此。黨支部也會在職場和地方上宣傳。

宣傳就是以簡單易懂的語言和加入漫畫的看板，對廣泛大眾傳達黨和國家的方針與政策。根據不同狀況，有時候也會警告大家，要多注意詐欺等新興的犯罪。在不同的時期，有時也會看到在中國的大學裡，或者是社區張貼著黨組織的成員手繪的「宣傳」海報或者看板。有時候還能看到充滿手繪感、親手繪製的政治宣傳海報，以及寫在牆上的宣傳文字。

最貼近民眾的黨活動，是娛樂活動

除了宣傳活動之外，黨組織也有些活動會和群眾接觸。其中具代表性的，就是提供娛樂活動。他們會企劃一些**園遊會、歌唱大賽或者運動會等**。日本在各級學校、職場和地方社區裡，也會有這類的活動。不過在中國，這些活動**大都是共產黨組織所企劃和運作的**。

這些活動的內容，沒有什麼特別的啟蒙內容，單純就是提供文化上的娛樂，或者是加深彼此的交流。儘管如此，大都還是由地方和職場上的共產黨組織主導。我在中國的期間，最深刻感受到身邊有共產黨組織的時刻，就是這些活動企劃了。

大多數大學的園遊會和運動會，都有學校的黨組織密切參與企劃和營運。園遊會和歌唱大賽時，我還曾經上場演出、上臺唱歌（因為我不擅長運動，因此沒參加過運動會）。當我在中國時，因為這些學校活動的營運而認識的學生們，大多數不是黨員就是預備黨員，否則就是希望入黨的積極分子。

黨組織也會企劃和經營「政治宣傳劇」的演出，這些活動同時具備娛樂性質和宣傳活動兩種面向。這算是「黨組織與群眾接觸」的活動，就算不是黨員，也可以去欣賞戲劇，我在中國時也看了很多次。

提到政治宣傳劇，或許大家會覺得內容可能過於說教、過度光輝燦爛、太刻意自吹自擂，但近年的政治宣傳劇無論是劇情還是音樂、演出等方面，都還滿精緻的。

如果是部門層級的小規模娛樂活動與懇親會，有可能是由單一黨支部企劃。但如果是中規模以上的娛樂活動，狀況就不一樣了。整個大學的體育運動會和園遊會、或者是邀請專業劇團來演出的政治宣傳劇，都不可能是單一支部，而是由整個大學的黨組織來進行。至於比黨支部更大的組織是什麼樣的結構，在職場和地方上又要如何統整多個黨支部，將會在下一章詳細說明。

想要去中國的大學留學，或是想要到中國的企業工作的人，要特別注意，當你受邀參加學校和職場的娛樂活動時，要特別注意保持風度，也**千萬不要開對方愛國心的玩笑**。在表演活動時，經常會受到邀請「請外國人也務必來參加」，但如果你把這些活動與日本的酒席表演、搞笑表演混為一談，就很危險了，甚至可能會吃到苦頭。就算表演得很爛也無妨，但絕對不可以開一些黑色幽默，也要避免低俗的玩笑。

只要被冠上辱華，就會掀起暴動

實際上，在二〇〇三年，西安的西北大學，發生了「日本留學生的表演節目」事件，就讓許多日本留學生陷入危險，這件事也被稱為「西安留學生短劇事件」。在大學的學生黨組織所企劃的娛樂活動中，日本留學生和日本教師穿上胸罩和紙杯、看起來很怪異的服裝，跳起 DJ OZMA 的「Age Age Every Night（按：日文原曲名為アゲ↑アゲ↑EVERY☆騎士）」。儘管這聽起來很像玩笑，但就因為這件事，引發了整個大學、甚至連鄰近地區也捲入其中的暴動。

原本只是模仿當時紅白歌唱大賽中的一首歌，但由於在中國大學的文化節中上演太過低俗，因此引發問題。他們在私底下的酒席間做相同的表演時，受到中國學生一片好評，但它不適合在正式場合表演。糟糕的是，明明他們表演的歌曲和舞蹈，和中國一點關係都沒有，卻被冠上了「侮辱中國人」的罪名，被當成是罪大惡極之人。

壞事傳千里，很快的，愛國心受刺激的學生們，就化身成為暴徒，襲擊留學生宿舍。就連與文化節表演無關的日本留學生，也無端受到波及。很多人僅因為是日本留學生，或者是表演者的朋友，就成了攻擊的對象，有數人被毆打。而文化節的工作人員因為丟了面子，不僅沒有勸阻那些暴徒，反而成為搧風點火的角色。這場暴動透過報導和學生的抗議活動，蔓延到校園之外，就連西安市內的日本料理店，也遭到被丟石頭等的攻擊。

當時日本國內的討論，都著重在「是否實際上侮辱了中國人」，或者把少見的反日活動解釋為背後原因是中國人的愛國心，這些論點其實都錯了。

事實上，暴動的導火線，是因為在黨組織主導的娛樂活動上，表演的「內容很低俗下流」，這讓工作人員有失顏面，因此為了報復，或者是為了模糊企劃失敗的焦點，就找了一個能刺激許多無關的人、看似冠冕堂皇的藉口（不過工作人員至少也應該要彩排吧，如果表演節目不適當，在開演前取消的話，至少不會演變成這樣的事件）。

8 最好的洗腦活動——志工環境營

在黨支部的任務中，志工活動既沒有制度化，也不是義務，卻占了黨支部活動很重要的一部分。我撰寫本書時，閱讀了幾本寫給黨支部幹部的教材，本來期待當中或許會寫到志工活動的具體案例和制度，但遺憾的是，教材裡幾乎沒有提到這方面的事。另一方面，在網路上搜尋黨支部的活動，或者詢問黨員平常的活動，幾乎也很少人提到這個部分。

政治宣傳活動有時也包含在廣義的志工活動裡，不過最典型且最切身的黨支部志工活動，要屬環境保護活動，也就是打掃。尤其是我在中國的大學工作時，**最常見到學生黨員做的志工活動，就是清掃環境**。

除此之外，過去以來，就曾在教育不普及的地區，實行學習支援的志工活動，學生黨員會利用長假到貧寒鄉村，援助當地孩童學習。隨著現在中國公家教育越來越充實，農村的貧困問題也逐漸有所改善，這類的活動或許就慢慢減少了。

在災害時從事志工活動的人，也大都是黨員和共青團的團員。二〇二一年七月，河南省發生了大規模的水災，我以前曾居住過的鄭州市，位居災害的中心。那時交通完全受阻，需要大量的志工人員，徒步送救災物資過去。在這樣的大規模災害時，會公開募集志工人員，因此就算不是黨員，只要本人有意願就能參加。不過，志工活動的成員，仍然大多數是黨員和共青團員。

曾參加過志工活動的人，很快就能了解，志工活動最重要的就是組織化與計畫。此外，如果出現擅自行動的人，要怎麼處理應對，也是一個問題。如果是平時就經過組織化的黨支部成員，比較容易按照計畫來活動，也會避免發生混亂的行為。

黨員的志工活動有各式各樣的目的。當然，除了表面上貢獻公益、為大眾服務的目的之外，從共產黨的方針來看，也是為了獲得大眾支持，這也很重要。不僅如此。志工活動還能加強黨組織成員的意識和能力，對於提升團結心也很有幫助，因此才會舉辦。

我曾經聽一位在日華人提到，跟他同世代（堂表兄弟姊妹這類）的親戚，有人入了黨：「一陣子沒見之後，沒想到他整個人『都被影響了』，讓我真的很吃驚。」也就是說，原本以為是普通、沒有什麼特定思想的親戚，在大學時代入了黨，幾年沒見，言行舉止都開始像是共產黨員了。很難光靠坐著上課，就產生這些變化，想必是透過經營志工活動和娛樂活動等，而有所改變了吧。

9 黨員大會與支部委員會

黨支部必須每三個月召開一次黨員大會，支部的所有黨員都要參加。有必要的話，也可以讓入黨積極分子和非黨員參加（很遺憾，我沒有參加過）。中文裡的「大會」，翻譯成日文便相當於（股東或者學生的）全體會議。不過，日文的「大會」，也意指大規模會議和全體聚會，所以這裡我刻意不寫成全體會議，而是使用原本的詞彙「大會」。

召開黨員大會有固定的程序。黨支部委員會在黨員大會之前，會先討論並設定議題，明訂議題的要點與中心。接著必須告知所有支部成員，黨員大會的內容、目的與日期。

在所有的會議中，如果要說什麼事最難，那就是協調各成員的行程，並滿足與會的規定人數。黨員大會也不例外，理想的話，其實黨員大會是支部的所有黨員都必須參加。不過現實中，支部黨員大會的規定人數是過半數，最少也必須要召集支部一半以上的黨員來開會。要是少於半數，決議就無效。

不過黨員們畢竟得要一邊帶孩子、一邊努力學業或工作，並參與黨員活動，不見得全員都可以參加。對於不得已必須缺席的黨員，支部委員會便聽取他們針對議題的意見，也必須要在會議上反映缺席者的意見。

決策機構——黨員大會，決議得上級通過，過了就得做

在黨員大會上，有時也會選舉。為了選出支部書記和委員，就必須在黨員大會時投票，這時的規定人數就會不一樣。根據二〇二〇年頒布的《中國共產黨基層組織選舉工作條例》，投票時，會議的規定出席人數是五分之四。如果出席的成員不到八成，黨員大會的選舉就視為無效。

儘管出席人數規定得滿嚴格的，但畢竟有些臥病在床的老年人、因刑事犯罪被拘留的人、因病療養的人、在海外出差的人，即便這些人也算是支部的黨員，但還是可以從分母中刪除再計算。

一旦決定黨員大會的議題和日期，**在告知支部的黨員之前，必須先通告上級黨組織**。獲得上級黨組織認可後，才能發布通知。這個機制在中國共產黨組織中非常重要。支部雖然必須反映成員的意見和想法，但在決定重要事項時，還是必須獲得上級黨組織的承認。

換言之，**上級黨組織握有一種否決權**，在控制下級黨組織時，其力量就是「承認的權限」。至於上級黨組織具體是什麼，又是什麼樣的存在，將會在下一章詳述。

一般來說，黨員大會的議長是由書記擔任。書記缺席的話，就可以由副書記或其他委員來代理議長。議長一開始會確認黨員大會的出缺席人數，以確保達到規定的參加人數，這一點和日本的大型會議相同。

黨員大會上花最多時間的便是討論。在表決前，會留時間讓支部的黨員發表意見、提出問題。如果討論可能會延長，會議也可以改日再繼續。討論結束後就會表決。一般來說，過半數贊成就能通過決議，相反則不通過，少數意見必須服從多數意見。

在這個部分，還算是「民主」且「自由」的機制，因此一般沒有接觸過中國的讀者，或許會覺得很意外。中國人大都自我主張十分強烈，無論是否受過高等教育，都會積極的提出意見和要求。各位對中國共產黨的印象，或許都認為他們只會聽從上級的命令。的確**在黨政和理念上，必須要服從上級，但實際上比較細部的決定，卻不一定如此**。反倒是日本各式各樣的組織，比較順從上級的決定，在會議上也不太會提出強烈的主張和要求。

然而，黨支部的決策，不只是由民主這一面所構成，也包含「少數服從多數」、「末端必須服從中央」這兩項機制。在這一方面，就和日本等先進資本主義國家的人們，對社會主義國家抱持的專制印象差不多。

在會議結束後，要製作資料、向上級黨組織報告。就算是黨員大會上做出的決議，如果案件必須要獲得上級黨組織承認，那麼在獲得認可前，都還無法正式生效。

如果是在黨員大會上決議，並已獲得上級黨組織認可的案件，就必須徹底實行。在大會後，為了要實現決議的內容，便會分擔工作、確認負責人，制定執行順序，並付諸實行。這樣的組織化以及區分，主要是支部委員會的工作。

在黨員大會上的決定，就算有黨員曾發表反對意見，也必須服從。黨員可以抱持不滿，但進入實行階段後，便不允許黨員因為曾提出反對意見而破壞，也不容許因為曾反對，在會議後依舊持續表明反對態度。他們認為，如果有不滿或反對意見，就應該在下一次的黨員大會中作為議題提出。

執行機構——支部委員會，上意下達與下意上達的夾心餅乾

黨組織的決策機構是黨員大會，但執行機構則是支部委員會。委員會是黨組織中的領導機構，不只是在支部中如此，在比支部更大的黨組織中也是如此（最大的就是中央委員會）。

支部委員會是黨員大會休會時，為了處理黨支部日常業務而設置的，任務是貫徹黨員大會的決定。以股份公司來比喻的話，黨員大會和支部委員會的關係，大概就像股東大會和董事會的關係（其實也可以比喻為議院內閣制國家的國會和內閣，不過如果是認為日本的政治體制很神聖的人，可能不喜歡這個比喻吧）。

黨支部如果有七名以上黨員，就會設置支部委員會。支部委員會的成員包括書記、副書記和其他委員，都是通過黨員大會的選舉而任命的，支部委員會書記是支部的主要領導者。若黨支部的成員少於七位，就不會設置支部委員會，但仍必須任命書記。黨支部委員會的書記、副書記和其他委員的任期是三年。黨員即便在七名以上，但未滿十名的黨支部中，大都不設置委員會，只任命書記。

支部委員會除了執行黨員大會上的決議外，還必須指導、監督支部的日常整體營運。他們必須決定黨支部的活動計畫，決定重要活動的步驟，並確認其進展與結果。此外，處理黨員教育與訓練的相關問題也非常重要。當他們發現了新的黨員發展對象後，該如何進行招募和教育，也是支部委員會重要的功能。

支部委員會的委員不只要輔助書記，他們也必須決定各自分工與負責的工作。比方說，大多數的支部，都會設置宣傳委員負責政治宣傳，並設置組織委員，負責黨員和入黨積極分子的教育步驟。其他還可以依狀況，增加青年委員、婦女委員和生活委員等。

委員會要向選出他們的委員大會，也就是支部的所有黨員負責，但他們同時也必須對上級黨組織負責。換句話說，就是被夾在中間的角色，受到來自上級與下層的要求。說到中國共產黨，會給人上意下達的強烈印象，但審視這樣的基層黨組織後，會發現不只上意下達，其實也存在著從下往上傳達意見和資訊的狀況。實際的狀況，就是上意下達交織著下意上達。我們會在下一章詳細說明上級黨組織的具體內涵。

第 3 章

層層管理的
嚴密金字塔結構

如同前一章所述，大多數的中國共產黨黨員，隸屬於末端組織的黨支部。而大多數群眾要與共產黨接觸的話，也是接觸黨支部或其成員。

黨支部不能擅自行動，必須受到上級黨組織掌控。此外，如果向上爬梳「比上級黨組織更上級的組織、更上級的組織……」，就會到達一般在閒談中會出現的「中國共產黨」，也就是黨中央。

中國共產黨基本上是少數服從多數、末端服從中央、下級服從上級的組織。到此為止，相信對讀者來說，還算容易理解，或者說是已經知道的狀況。

那麼，實際的指揮命令系統又是如何？有什麼樣的組織結構？

我實際上和中國的企業及大學的幹部交流後，他們都會向我介紹「黨委書記」這個職位。儘管知道黨委書記好像是該職場中的幹部，但**如果不理解該公司或大學的黨組織結構**，**還是無法理解黨委書記有多了不起**，實際上又有什麼樣的責任。不僅如此，甚至還可能無法讀懂部分中國的新聞。

二〇二一年六月，發生了一起復旦大學數學科學學院黨委書記，遭青年研究員殺害的事件。很遺憾的是，不知是不是因為日本想以一種「負責人被年輕教員刺殺」的語感來傳達這則新聞，最終新聞媒體，很明顯的傳達了不正確的訊息。許多媒體報導的都是「復旦大學數學學院院長被刺殺」。

例如網路雜誌「NEWS POST SEVEN」，刊載了一則標題是「上海名門大學，講師刺殺學院院長，疑似因晉級引發衝突」為題的新聞（https://www.newspostseven.com/archives/20210703_1671574.html）。但院長和黨委書記是完全不同的人。復旦大學是一所和日本各大學積極交流的學校，實際上曾與復旦大學數學學院院長交流的人和朋友，看到這則新聞後，應該都嚇了一大跳。

部分正直的媒體會寫「被害人是大學內的共產黨書記」，或者是註明受害者的職位相當於副院長。但有不少日本大學的相關人士，也僅憑模糊不清的理解，在社群媒體上這樣討論：「大概是某個在上位的人，遭年輕教員刺殺了吧。」

這裡的問題是，在日本會頻繁接觸中國新聞的人，以及大學教師這類、必須要比一般人更正確掌握知識全貌的人，都沒辦法想像「學院裡的黨委書記」，是什麼樣的職務。

日本人之所以無法理解企業和大學的黨幹部，是因為不了解其中黨組織的階級構造。而且遺憾的是，在日本能找到的「中國共產黨組織結構圖」，幾乎無法說明企業和大學中的黨委，是什麼樣的組織。所能找到的中國共產黨組織結構圖，對於在中國生活的人，或者和中國企業與大學交流時，完全派不上用場。

對相當熟悉中國的大學的人而言，不用說明就知道，學院的黨委書記是什麼。但同時，如果完全不知道在中國的大學中黨組織為何物，就完全無法理解，畢竟總要有人說明，因此我也會在本書詳細解說，「學院的黨委書記」究竟是什麼樣的職位，地位是否比黨支部的書記還高？只要了解關於基層黨組織的階級相關知識，就能輕易理解這些問題。

1 兩百名中央委員，怎麼領導九千萬黨員？

中國共產黨的組織，呈現金字塔的結構。一般在說明中國共產黨的組織時，經常會見到這個形狀。不過，常見到的中國共產黨組織圖，其實只說明了最高階層，過於簡化，只記錄了冰山一角而已。

例如日本外務省製作的組織圖（見圖表3），說明了中央的委員會和中央宣傳部等中樞組織，並將其視為「共產黨的組織圖」。畢竟對外務省而言，說到重要的共產黨成員，只要認知到這個程度，或許就足夠了（反正他們不必和午休時間在大學走廊打掃、企劃職場裡運動會的一般黨員接觸）。但如果一般人想要了解中國共產黨，這張圖幾乎派不上用場。我曾在中國待了九年，期間和許多中共黨員接觸過，卻從來不需要找中央宣傳部。像這種圖表，

圖表 3　日本外務省繪製的中國共產黨組織圖

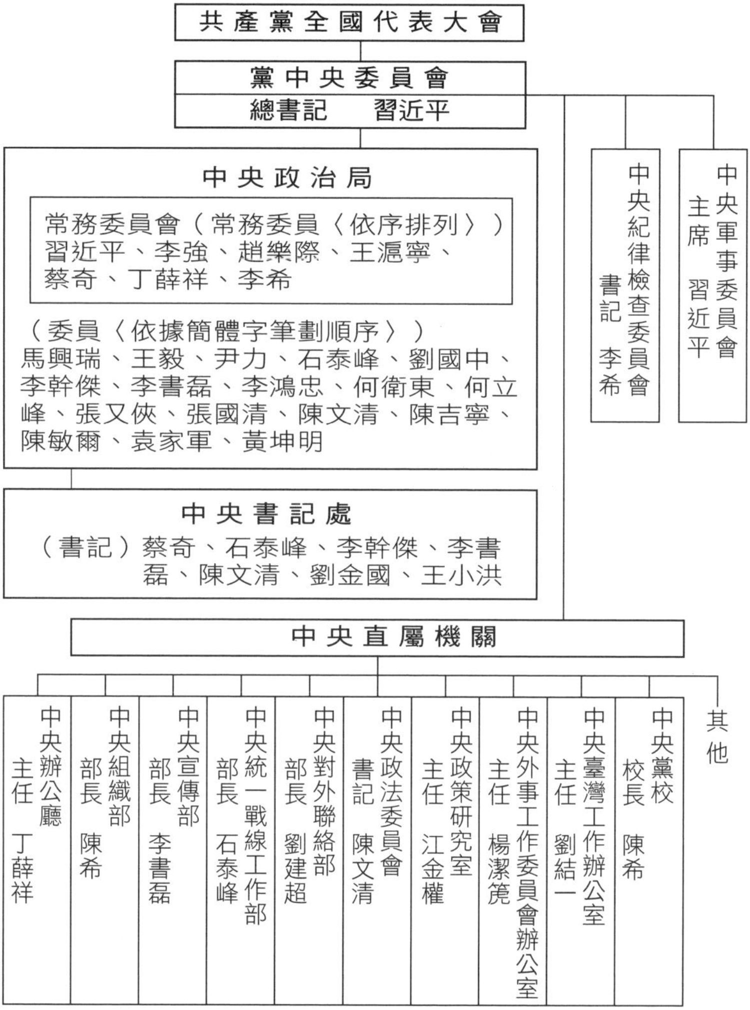

（雖然沒有錯誤，但是理解上和本書的內容有差距的代表例子。）
出自：外務省 2022 年 11 月更新版本，請見：https://www.mofa.go.jp/mofaj/files/100427648.pdf）

我總是認為，至少要把它明訂為「中國共產黨最高層組織圖」才對吧。

在報章雜誌和電視臺網站上看到的「中國共產黨組織圖」（如圖表4），都會記載「總書記→政治局常務委員→政治局員→中央委員」為止，除此之外大都被稱為「一般黨員」。說實話，以真正的組織圖來說，這是非常不完備的。

圖表4　常見、且容易引發誤解的「中國共產黨組織圖」（請勿認真看待）

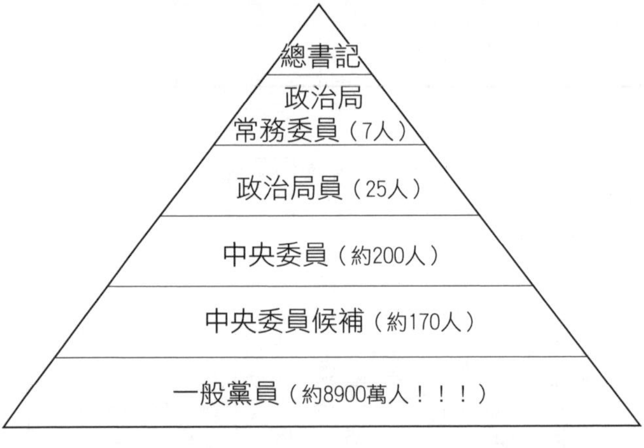

資料來源：作者參考《每日新聞》（2017年10月25日）「第19屆共產黨大會 修改黨章 權力集中『習時代』恐成個人崇拜」之報導製作而成。不只《每日新聞》，日本的新聞在說明中國共產黨的組織結構時，幾乎都使用類似的圖表（按：至2021年底，一般黨員約9,670萬人）。

雖然沒有搞錯，但如果企業的金字塔圖，只畫出從董事長到董事會為止的幾個層級，然後把底下幾千名一般員工都畫在最底層，就說這是「某大企業的組織圖」，這種圖表很明顯是失敗的。

之所以會流傳這種「只有高層」的組織圖，其背景因素或許是意圖參雜某些印象吧，像是想要加深中國是不平等的國家、是少數掌控多數的獨裁國家等。中國的體制確實是一黨獨裁，但想要假定一個國家由獨裁來掌控、支配人民的話，也必須遵循一定的順序和方法。這樣的製圖不僅隨便，也完全無法順應我感興趣、關心的部分，因此我從以前便深感不滿。

這種令人誤解的「中國共產黨組織圖」，除了《朝日新聞》、《每日新聞》等主要報紙外，就連NHK等電視局、ITmedia和Yahoo等網路新聞，也是一樣的狀況。令人遺憾的是，甚至連大學裡與中國情勢相關科系的講義資料，也大都沿用這張圖表。

在新聞報導和資料中，製作、甚至刊登這個「只有頭」的組織圖的人，難道不會覺得疑惑，**光靠人數只有兩百名的中央委員，要怎麼指揮與領導高達九千萬的黨員？**長久以來，我實在對這些人感到不解。只要是有工作、隸屬於某個組織的人，想個三秒，就會覺得這種圖有問題吧。畢竟一個中央委員，就要領導四十五萬一般黨員，連簡單的行程連絡都無法順利進行，究竟要怎麼領導，實在成謎。

在大學主修經營管理、商學相關的人，或是在大規模組織中擔任管理職位的人，或許聽過「控制範圍」（span of control）這個詞。一個管理者能指揮控制的人數有限。如果是單純作業，一名管理者或許可以掌控十人以上的部屬，但如果是較複雜的業務，極限差不多能指揮五人左右。

無論是企業或行政機關，組織越大、分層越多，其中的原由就在於此。成員越多，就會大量設置末端組織，不可能光靠單一管理者監督、管理大量的成員，因此才會設置多個階層，並在每一個層級設置中階管理人員。以日本的省廳（按：外務省、氣象廳等行政機關）而言，就是「局→部→課→係→班」這類層級的組織（一般典型的案例）。如果是在大企業，則是擁有「事業部→部→課→組→小組」等層級的組織。

對本書感興趣的讀者中，或許有很多人也對軍事抱持高度關心。這樣的話，或許以軍隊組織來說明，會讓大家更容易理解。大多數國家，在近代以後的軍隊組織都是「師團↓旅↓連隊↓大隊↓中隊↓小隊↓班」這樣的層級構造（不過日本自衛隊中，很多都會省略大隊）（按：中華民國陸軍的編制則是指揮部、旅、營、連、排、班）。一個師團裡會有幾萬人存在，但到了小隊層級，就只會有數十人。就算師團長再怎麼有能力，如果缺少層級，也不可能一一向末端的隊員發號施令，更何況要掌握隊員的狀況和教育。

無論是企業也好，軍隊也罷，會形成金字塔形狀的組織，理由就是和「控制範圍」有關。但如果完全不考慮這一點，只是單純描繪出金字塔形狀的組織圖，可見日本常見的「中國共產黨組織圖」是瑕疵品。要是用這種圖表來理解中國共產黨的組織架構，就會忽略本書先前討論的黨支部的結構與工作角色。中央委員可不會照顧想要入黨的大學生啊。

「中國共產黨的金字塔型組織結構」在黨中央和最底層中間，其實還有好幾層階層，這原本是理所當然不過的事。但在日本的報紙上，只是在金字塔最底部加上一層，寫著「八千九百萬名一般黨員」。但實際上，這一層如同千層酥一樣，還有很多階層。此外，在先前的圖表，被標記為「一般黨員」的人之中，也包含了有力國有企業的黨委書記等，握有重大影響力的幹部。

像這樣的人，毫無疑問是重要幹部，他們不僅能左右職場的方針，甚至還有權力左右許多優秀人物的未來，不能將其單純簡化為「一般黨員」。

此外，日本的報紙上經常看到「只有頭」的中國共產黨組織圖，唯有仔細審視圖中省略的部分，我們才能真正看出一黨獨裁的機制。接下來，讓我們仔細看看，被極端省略為「八千九百萬名一般黨員」的階層吧。

2 由下往上解讀基層黨組織

想要清楚理解黨組織，與其由上往下看，不如由下往上看。在最末端也有好幾層組織，進行著各種指導、許可和報告。在第一章的入黨程序裡也提到，無法光憑黨支部獨斷決定重要事項，必須要徵詢上級並獲得許可。這些重要事項除了人事之外，在其他事項上也是一樣。

有不少新進黨員，都是在大學等高等教育機構就讀時便入黨，這算是入黨的典型案例，所以在本章中，在舉出具體案例說明時，也會提出大學的例子。不過基本上，企業和地區的黨組織，也擁有相同的架構。

一、小組

支部是最基本的中國共產黨組織，但不一定是最小的單位。支部之下可任意設置「小組」。小組並非正規的組織，充其量被視為黨支部的一部分。

一般而言，小組由三人以上構成，且必須要有一位以上的正式黨員。換句話說，只有入黨積極分子和預備黨員的話，無法組成小組。因為在見習的期間，不能指導、監督其他人。

前面曾提到「控制範圍」，就可以知道在人數超過數十人以上的大支部，光靠書記、副書記和區區幾位委員，很難指導和監督每一個人。領導人沒有辦法顧及、確認每個角落。但如果有小組的話，由一個人擔任指導的角色，便較容易指導和監督多名黨員。

此外，之所以會設置小組，其中一個原因也是能省下集會時移動、協調成員時間的手續。例如，大學生黨員如果要定期舉辦黨理念相關的讀書會，為了要節省移動和集合的麻煩，有時候就會依據宿舍來組織小組。或者會因應不同的活動和企劃，組織臨時的小組以推行準備工作。另外，第一章也曾提到，一般要推薦入黨志願者，也是這類小組的工作（就算是未設置小組的支部，也能辦理入黨手續，所以不適用所有的案例）。

一般來說，「支部的人數比較多」、「支部成員所在的位置距離較遠」

的狀況下，就會組織小組。通常，小組大約每個月會召開一次會議，活動內容為政治學習會等。

小組內的黨員如果增加，小組就會成為支部。在大學等教育機構中設置的小組，較難升級為支部（因為成員會陸續畢業），不過地方的社群——社區裡的小組升級為支部的狀況也不多見。

二、黨總支部

前一章曾提到，黨支部由五十名以下的成員構成。我想，各位讀者想必會感到疑惑：「黨員如果超過五十人以上的話，要怎麼辦？」如果是這種狀況，就會設置多個支部。

黨員超過五十人，便會設置「黨總支部」（黨總支）來含括多個支部。就算是黨員未滿五十人的黨支部，只要獲得上級黨組織許可，便可以設立黨總支（黨總支部的簡稱）。如果是大學，通常會依據學院來設置黨總支部。以大學的黨組織為例，組織結構是以每個學院設置的黨總支部，來總括依科系和主修所組織的多個黨支部。此外，教職員組織的支部和學生組織的支部，也是由依據學院設置的黨總支部來統整。總支部是比支部更上級的黨組織，不過總支部和支部都一樣，屬於中國共產黨末端的「基層組織」。

黨總支部指的是統籌多個支部的單位，當中會有合議制的機構——「黨總支部委員會」來指導黨總支。黨總支部委員會需要書記和副書記，**書記就是黨總支部的領導人**。書記和副書記是**由黨員大會，或黨員代表大會的選舉中選出，並經由上級黨組織的承認之後任命**。總之，總支部委員會的書記、副書記和其他委員的任期是三年。設立總支部、統括兩個黨支部時的組織圖，如圖表5所示。

根據中共中央組織部的資料，在二

圖表 5　黨總支部的組織圖

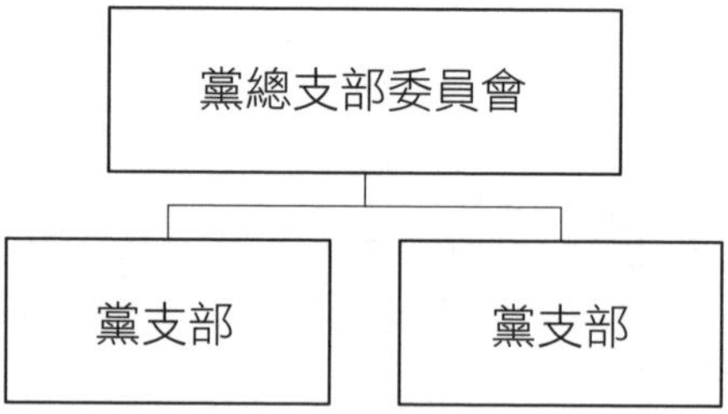

資料來源：鄭紹保，《黨的基層組織工作熱點疑點要點 500 問》〔M〕北京：紅旗出版社，2013 年，以及作者參照多張基層黨組織的組織圖後繪製。

○一九年年底時，全國總共有三十·五萬個總支部。支部的數量則是四百一十二·七萬。或許有人會覺得，這個數字很少，不過總支部不是必須設置的單位。

三、黨基層委員會

黨組織的成員如果達到一百人以上，就會設置黨基層委員會。另外，就算是未滿一百人的黨組織，只要獲得上級黨組織許可，便可以設置。根據中共中央組織部的資料，在二○一九年年底時，全國總共有二十四·九萬個黨基層委員會，黨基層委員會也可被視為是一

圖表 6　中國共產黨的末端組織圖

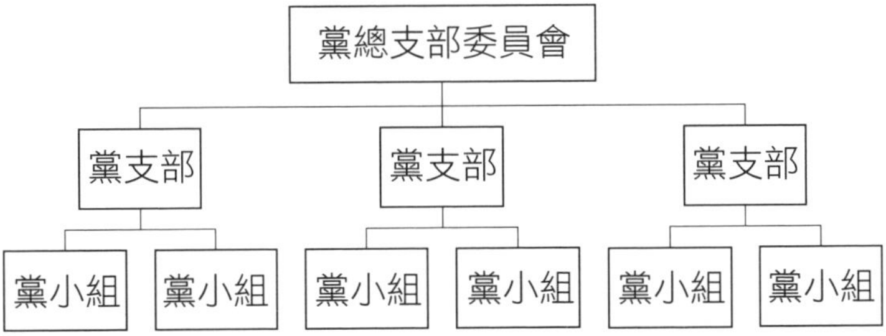

資料來源：鄭紹保，《黨的基層組織工作熱點疑點要點 500 問》〔M〕北京：紅旗出版社，2013 年，以及作者參照多張基層黨組織圖後繪製。

種基層黨組織。

在大學、中型規模國有企業、大型國有企業集團的子公司等，會在黨基層委員會下設置多個黨總支部。**主要結構為「黨基層委員會↓黨總支部委員會↓黨支部」，建構成三層金字塔型的組織**，因此只要設立了黨基層委員會後，就能組織大量的黨員。

黨委員會（黨委）則是領導大學和大規模企業的黨組織機構。各位可以把黨委想成是在黨組織中，發揮管理職能的機構。黨委員會的領導人是書記，不過有時候也會把黨委書記直接稱為黨委。也就是說，不管是指委員會本身，還是指委員會的領導人，都會用「黨委」這個略稱，這一點必須注意。

在選出黨基層委員會的成員時，也需要黨員大會的選舉。黨基層委員會書記、副書記和其他委員的任期是五年。誠如前一章所見，黨員大會是支部的決策機構，在總支部和規模更大的黨組織中，也是由黨員大會來選舉書記和決定重要事項。

黨員數合計超過五百人以上的黨組織（至少會是擁有十個以上支部的組織），便設置「黨員代表大會」取代黨員大會。在這種狀況下，黨委員會的成員是藉由黨員代表大會的選舉選出。農村地區的黨組織，就是典型的狀況。到了這個層級，範圍會囊括很廣的區域。如此一來，就會出現黨員因為距離太遠而無法參加大會，或是即便參加、去一趟不但花時間、精力，也很花錢，變成一種負擔。這些都是問題，因此不需要所有成員，只要由代表人出席大會就好。

黨員代表大會的這個道理，和代議制的機制、互助保險公司的社員大會是一樣的。以日本來看，互助公司（也就是保險公司）和社團法人一樣，社員大會就是最高的決策機構。但由於很難讓散布各地的投保人，出席同一天、同一個時刻、同一個會場召開的會議，因此才會由代表人出席社員大會。

在龐大的企業和學生人數高達數萬人的大學中，無法單靠一個黨基層委員會總括多個黨總支部，來管理所有黨組織。因為黨總支部的數量會非常多，所以一個委員會很難監督多個黨總支部。

在這個情況下，就會藉由設置多層的黨委員會，來統括多數的黨總支部和更多的黨支部。這時，最上層的黨委員也會稱為一級黨委、第二層黨委員會稱為二級黨委、第三層則稱作三級黨委等。這個部分有點複雜，由整個職場來看，關於被稱為一級黨委的黨委員會，有的時候是因為職場上的部門單位，才稱為一級黨委。不管怎麼說，都會由組織圖由上往下數，看屬於第幾層來判斷一級、二級等（見圖表7）。

舉例來說，像北京大學這類，擁有許多研究所、學院和附屬機構的大規模大學，以及北京大學光華管理學院這類的商學院，以及商學院中不同的科系，大學整體的黨委員會就是一級黨委，整個商學院的黨委員會是二級黨委，不同科系的總支部委員會就是三級黨委。不過，如果只看商學院中的黨組織，那麼原本從大學整體角度來看，被稱為二級黨委的委員會，在這裡就會被稱作一級黨委。

到這裡，我們介紹了基層黨組織階層構造的基礎知識。不過，光是如此，也還不足以說明所有「八千九百萬名一般黨員」的內涵。大多數黨員都屬於基層黨組織，但基層黨組織和黨中央之間，還存在著好幾層地方黨組織。

四、地方黨組織的階層構造

從中央到末端的基層，各層級都設置了黨委員會。前面提到的中央委員，

圖表 7　中規模的中國共產黨基層組織圖

（圖表 3 最底層部分之局部）

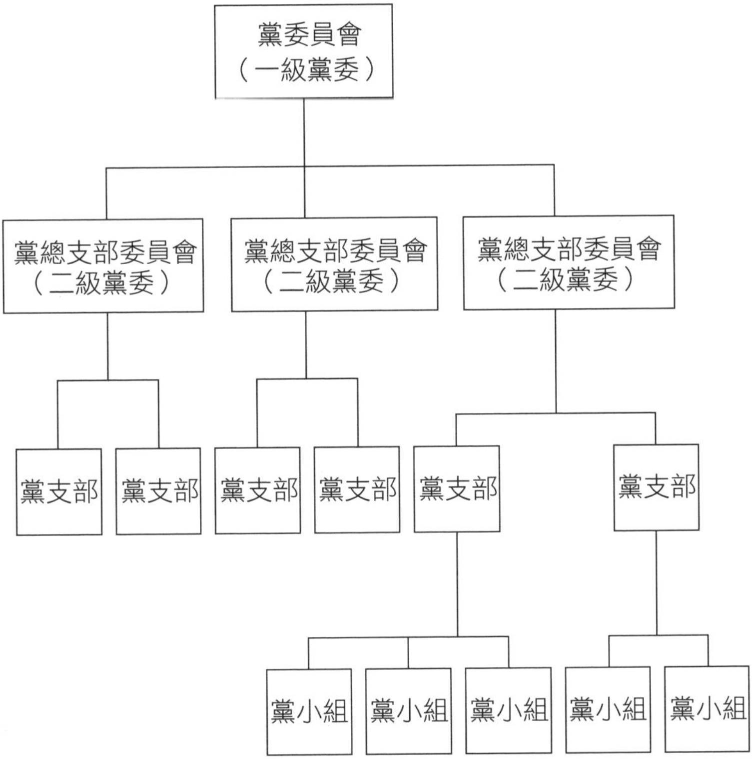

資料來源：作者參照多張基層黨組織的組織圖後繪製。

指的是中國共產黨中央委員會的成員。中國共產黨的委員會當中，位於最上層（或說最中心）的機構，被稱為黨中央。從這裡透過好幾層的黨組織，大量管理末端每個成員在五十人以下的黨支部，形成金字塔的組織架構（見圖表8）。

在中央委員會之下，設立了省級的黨委員會，自治區和直轄市的黨委員會也屬於省級的。而省級黨委員會之下，會設置地區層級的委員會。所謂的地區，是在省與縣之間的行政劃分，現在仍剩下的地區層級很少，幾乎都是市（地級市，按：為中國地級行政區之一，指受到行政中心所在城市管轄的地區，相當於西方的都市區，如南京市、廣州市、東莞市等）級。實際上，幾乎所有的地區級黨委員會，都是地級市的黨委員會。

順帶一提，直轄市中，不存在地區等級的黨委員會。再下面就是縣（這裡的縣和日本的縣不一樣，縣是比地級市還要小的單位）級的黨委員會。縣級市的黨委員會和區的黨委員會，也都屬於縣級的黨委員會。

為了說明地方黨委員會的各個層級，這裡利用了平時不常使用的行政劃分。我雖不想用日常生活中用不到的用語來說明，但其中也有原因。因為「中

圖表 8　大規模的中國共產黨基層組織圖
（同樣是圖表 3 最底層部分的局部）

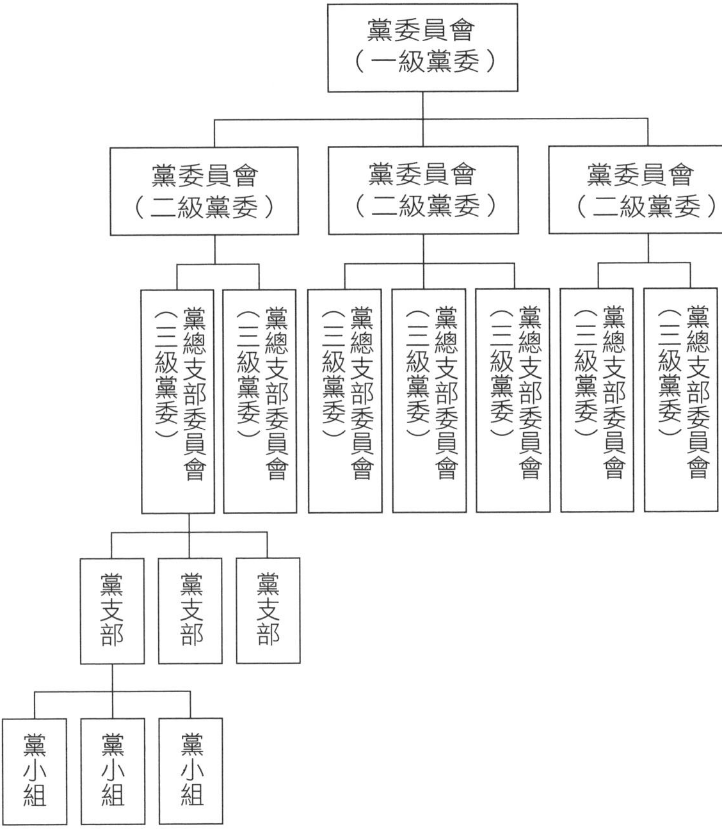

資料來源：作者參照多張基層黨組織的組織圖後繪製。

國共產黨○○市委員會」，會因為是地級市或縣級市，使得層級不同。例如中國共產黨登封市委員會，就被設置在中國共產黨鄭州市委員會的下級，鄭州市屬於地級市，而登封市是隸屬於鄭州市的縣級市（例如，以武術而聞名的嵩山少林寺，地址就是鄭州市登封市G二〇七。中國的地址標記方式中，「○○市△△市」就代表在地級市之下設置了縣級市，所以即使有兩個「市」，也並非誤植）。

這些中央與地方的各層級黨委員會，不單是由書記、副書記、常務委員、（其他）委員組成，而是比日本想像的委員會規模更大的機構。黨委員會中有事務局、宣傳部等多部門及大量的成員。在中央、省、地區和縣各層級，也設立了被稱為「黨校」的高等教育機構，以培養黨幹部。

日本也有自民黨在中央和地方，所設立的中央政治大學院和地方政治學校，這些是用來對政黨黨員實施教育訓練的機構，但這些都無法和中國的黨校相提並論。很遺憾的，日本政黨的教育訓練機構中，所實行的教育和研究的品質，完全不及中國的黨校。中國黨校教員的專業度相當高，在政治思想、行政管理和經濟、產業政策方面，都進行著研究所等級的研究。黨校的教員經常會發表學術報告，也會執筆學術論文。

中國**有影響力的報社，也會作為中央層級和省級黨委員會的附屬機構而設置**。例如，**《人民日報》**算是中國最有名的報紙，**其實就是中央委員會的機關報紙**。另外，河南省最有名的地方報就是《河南日報》，而《河南日報》是中國共產黨河南省委員會機關報紙。《北京日報》則是中國共產黨北京市委員會（北京市為直轄市，因此相當於省級黨委員會）的機關報紙。

此外，**請勿將地方黨組織和地方政府混淆**。例如，市政府就不同於市的黨委員會。另外，市長與市的黨委員會領導——黨委書記，也是由不同的人擔任。日本出現關於中國的話題時，很多人會把中國政府本身視為中國共產黨，但中國的黨政與行政不同。很多基層黨組織，會由部門和地區自治組織的領導人，直接兼任黨委書記。但到了地方黨組織，**地方行政的最高負責人和地方黨組織的領導是不同的人**。負責行政的市政府，和負責黨政的市的黨委員會，也位於不同的建築物裡，屬於不同的組織。

順帶一提，市政府和省政府中，會設立一個「黨組」，和黨委員會是不同的組織。黨組既不能召開黨員代表大會，也不能培養新進入黨者，甚至也不能管理下級黨組織。黨組不具備吸收下層意見的功能，只能按照上級下達的命令行事。

熟悉中國行政劃分的讀者，或許知道「縣的下面有鄉與鎮，區的下面有街道」，的確如此，鄉和鎮也會設置黨委員會。但是鄉和鎮的黨委員會，就是前面曾說明的黨基層委員會。也就是說，它們的等級，和在大學與企業中設置的黨組織，是同等級的。鄉和鎮的黨委員會，相當於先前說明的黨基層委員會。街道則不設置黨委員會。由區所派來的委員組成的「黨工委」（「中國共產黨○○工作委員會」的略稱），就會扮演黨基層委員會或是黨總支部委員會的角色。而黨工委之下，會設置多個社區的黨支部。

有時也會在街道的黨組織以外，看到被稱為黨工委的機構。其基本功能和黨委員會相同，但不同的是，相對於黨委員會的組成人員，是透過選舉從「下面」選出來，而黨工委大都是上級黨組織派來的。上級黨組織為了要和較遠的地區聯絡，或是為了要管理多個下級黨組織等，就會在中間設置派出機構「黨工委」。

順帶一提，上級黨組織和下級黨組織之間的上下關係很嚴格。下級黨組織必須「服從」上級黨組織。在制度上，也不認可下級黨組織顛覆上級黨組織的決定。就算下級對上級有所不滿，也不能擅自移動到其他上級黨組織之下。如果某個下級黨組織，想轉換到其他上級黨組織的配置之下，決定的權限也在於上級黨組織。

要具備先前所述的種種多重關係，中國共產黨上意下達的系統才得以成立。本書也屢次提到，儘管大家經常以「一黨獨裁」這個刻板印象，來闡述中國共產黨政策執行力的泉源，但它**其實是來自於對草根、現場的掌握**。

3 九千六百多萬一般黨員，其實分了好幾層

下頁圖表9是按照先前所述的「中國共產黨階層結構」，並修正最初的圖表後製成。這張圖不是要騙人，卻不盡然正確。前面曾說明過，在一些狀況下，不會設置黨總支部委員會和黨小組。但在圖表9中，可以看到所有的黨支部都設置在黨總支部委員會之下，而所有的黨支部都設有小組。

除此之外，在圖表9之中，所有的基層黨組織都設置在縣級的黨委員會之下，但因為黨支部不只會在地區設置，所以這張圖也很奇怪。原本黨支部的雛型，就是設置在農村的黨支部。農村的黨組織，擁有「村→鎮→縣→地區→省→中央」這樣，從末端到中央的明確關係，因此如果排除總支部和小組被省略的狀況，那麼以圖表9來理解也無妨。同樣的，要理解社區的黨支

圖表 9　比最初的圖稍微更接近實際狀況的「中國共產黨組織圖」（還先請讀者不要當真）

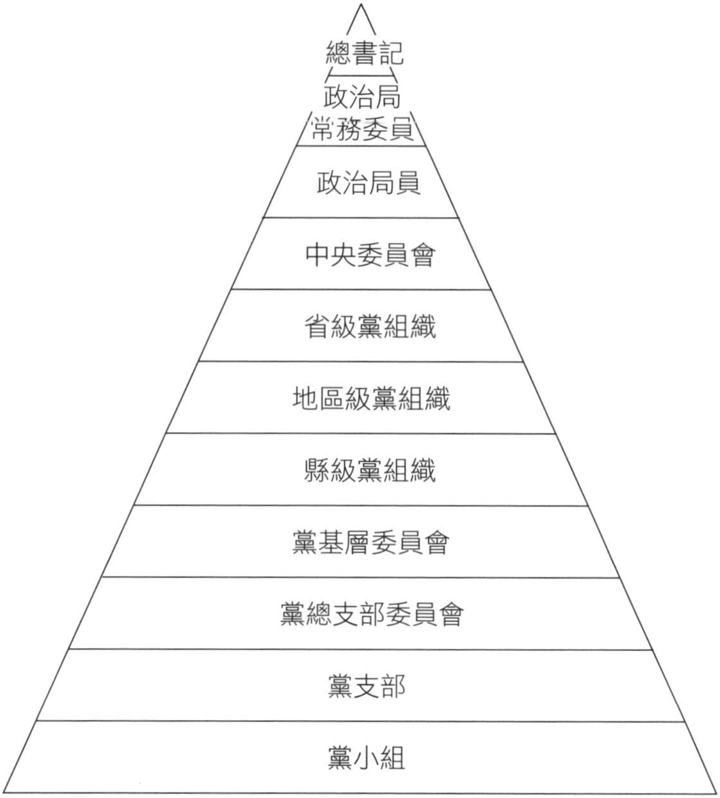

資料來源：作者參照日本報章雜誌常見的「中國共產黨的組織圖」，修改底部所繪製而成。

部，除了會透過縣層級的黨組織和街道黨工委來連結，以及省略了小組的情況之外，以前頁的圖表9來理解也算沒有問題。

但談到職場中設置的黨組織，就不光只是設置在縣級黨委員會之下的組織了。讓我舉一個最極端的例子。中國有中央層級的國有企業——「中央企業（央企）」。例如中國石油、寶武鋼鐵集團和國家電網等超大型企業。這些中央企業經常會出現在全球市值排行榜的相關新聞中（不過，控股公司都未上市，上市的是集團裡主要的事業公司）。想必有很多人會疑惑，這些超大型企業集團的黨委員會，是否設置在縣級的黨委員會之下？

先講結論，這些**中央企業的黨委員會，並非設置在地方層級的黨委員會之下，而是設置在國務院（相當於內閣）的特設機構**——國務院國有資產監督管理委員會（這個委員會不是黨的委員會，而是行政上的委員會）的黨委員會，也就是「國資委黨委（「國務院國有資產監督管理委員會黨委員會」的略稱）」之下。設置在國資委黨委下的中央企業的黨委員會，就是整個企業集團（或者是最上級）的黨委員會。

但是，如果要問整個企業集團的黨委員會，是否能滴水不漏的完全統括所有旗下企業的黨組織，也不是每個案例都是如此。中央企業的地方分公司、分工廠和分店等黨委員會中，有一些就不設立在企業的黨委員會之下，而是設立在地區的黨委員會等，地方黨委員會的下級。

企業的分公司和部門的黨委員會，究竟要設立在企業集團的黨委員會下級，還是要設立在地方的黨委員會下級，其實沒有特定的規範。基本上，獲得設置許可的黨委員會下，就能設置下級黨委員會。

儘管不算嚴密，但如果設法以一張圖說明中國共產黨的組織，就會如第一二九頁圖表10所示。在這張圖中省略了黨組，因為儘管它很重要，但它並未在上意下達的關係中，扮演關鍵的角色。

黨小組可以視為最小的黨組織，這裡也省略。與其說小組是正式的組織，不如將其看作黨支部的一部分比較適合，所以黨支部算是最基本的組織。黨總支部的設置是任意的，有時候也會出現在黨基層委員會之下，設置黨支部的狀況。

從區的黨委員會派遣的街道黨工委之下，有時會設置社區的黨總支部和黨支部，有時則是在縣級的黨委員會下，設置黨支部和黨總支部。黨基層委員會的話，幾乎都屬於各層級地方黨委員會的下級。因此我在下頁圖表10中，於黨支部、黨總支部與縣級的黨委員會之間，畫上相接的部分。

另外，極少數也會出現直轄市之下不存在地級市，而是在省的下面設置縣的狀況。因此也有些情況，是省和縣中間不夾著地區級的黨委員會，而是縣級黨委員會之上直接是省級黨委員會的狀況。

也有些黨基層委員會，不能設置在省級和地區級的黨委員會之下，因此也有情況是黨基層委員會直接連接省級黨委員會和黨中央。但實際上，中央委員會之下，不會直接設置黨基層委員會（例如中央企業的黨委員會，是設置在國資委黨委之下），還請留意這一點。

在第一〇四頁圖表4「常見、且容易引發誤解的『中國共產黨組織圖』」中，中央委員會之上是政治局和總書記，但我個人認為這樣畫很奇怪（把合議團體擺在下位，似乎也想要呈現專制的印象）。但說實話，關於黨中央實際上是什麼樣的上下關係，我也不是很確定。同時，這部分的內容也偏離了本書的目的，因此我將中央委員會、政治局和總書記，單純統稱為「黨中央」。

根據中共中央組織部的資料，在二〇一九年年底，中國共產黨黨員有九

圖表 10　中國共產黨的組織結構圖

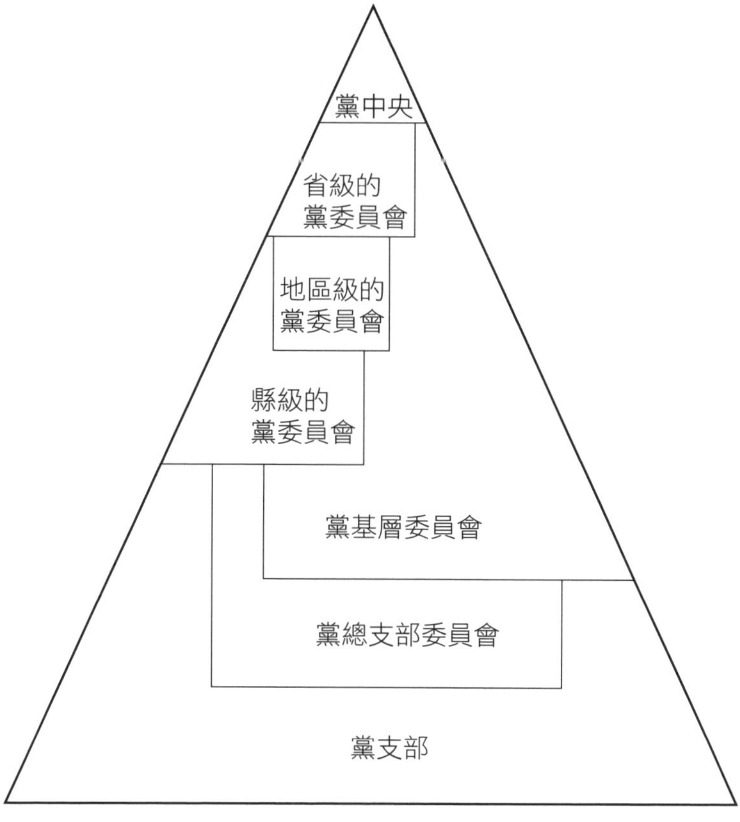

資料來源：作者繪製。

千一百九十一・四萬人。再看全國的基層黨組織合計數字，有二十四・九萬個黨基層委員會、三十・五萬個總支部，四百一十二・七萬個支部。

熟悉中國行政的讀者，或許會採用「比縣更下層就是基層」的定義。如果以行政區劃來看，這是正確的理解。但請注意，基層黨組織中，也有一些無法設置在地區的下級和縣的下級。

熟悉中國狀況的人之中，或許會有人覺得些許不協調，就是中央企業的黨委員會，怎麼算是黨基層委員會？關於這點，中央黨員中也有人提出疑問，因此共產黨員網的黨務問答（https://wenda.12371.cn/liebiao.php?mod=viewthread&tid=576534）當中也曾出現這個問題。基層是一個相較於中央的相對概念，且在黨章中也只定義了中央、地方、基層的黨委員會，就算是中央企業的黨委員會，也被定義為黨基層委員會。

在接下來的第四章與第五章，將要看看地區和職場中具體的基層黨組織。下一章說明的地區黨組織，同時由「發自居民的自治」這類，地區發揮主體性的一面，以及「來自中央、上級，政策與方針的上意下達」這種，強化來自上級的統治與統一等兩個面向所構成。

第 4 章

不可思議的封城政策，怎麼辦到？

如第二章所提，基層的意思，有較低、下級、基盤、基礎、腳下等意思，但如果想要理解中國發生的現象，卻不先理解這個「基層」的意涵，就會搞不懂。有越來越多案例都是如此。

例如二〇二〇年新冠肺炎流行之際，中國實施了大規模且嚴格的封城。嚴格控管小區居民外出，以及外面的人進入小區（寫書時，我希望本書能長久受廣大讀者們所利用，因此也期盼對讀者而言，新冠肺炎疫情的騷動，以及有識之士對肺炎疫情所提的見解等，都已成為「令人懷念的遙遠回憶」）。

對於中國的封城政策，我記得日本有不少評論家和名嘴，都發表了這種一知半解的言論：「這是因為他們一黨獨裁，才能採行強權式的嚴格措施。」

但是，再怎麼握有強權、再如何獨裁，如果不分配勞力實際管理、監督人員往來，又沒有人花時間、精力指導與說服居民不能違反規則的話，那麼根本不可能實際做到限制人們外出。儘管如此，大多數的日本名嘴，幾乎不會注意到「到底是誰負責執行這些麻煩事（指導與監督人民不要外出）？」而只是一再重複「一黨獨裁」、「嚴格控制」這種陳腔濫調。大家在日本明明看過很多不守規則、也不排隊的中國觀光客，為什麼他們不會思考：「是誰在現場指導、管理的？」這不是在紙上畫大餅的空想而已，他們缺乏的是對地區社群裡「基層」的認識。

中國之所以能實行嚴格的外出管制，是因為在各個地區，早就已經準備、組織了能限制區域內外往來的權力、手段與勞力。一般稱為「社區委員會」和「居民委員會」的組織，是一種地方上的自治組織。這些自治組織與居民之間早已建立起溝通的管道，也建構了一定的信任關係，這才讓中國的封城得以實現。

這些日本名嘴頭腦並不差，卻對新冠疫情下的中國發表一些缺乏邏輯的言論。正是因為「基層」這個概念過於理所當然，對中國人來說根本不需要說明（卻有不少人一廂情願的認為外國也有相同的詞彙），他們卻完全不了解的緣故。

讓我們再次複習「基層」的意義。許多日文文獻中提到的「基層」和「基層社會」，指的是農村、社區以及包含這些的地方社會。

在日本前首相菅義偉就任時，中國用以下這種方式描述：「日本出現了出身『基層』的首相！」他們認為出身秋田縣，而且是來自於一個完全稱不上熱鬧地方的農家，就可以說是「基層」出身。

如果不了解基層的意思，就沒辦法談論中國地區社群和中國的居民自治，更不要說談論區域的公眾衛生了。

對現代中國人來說，設置在大學和企業裡的基層黨組織，比設置在地區的黨組織更讓人覺得親近，但其實基層黨組織的原型，是在地區裡的。因此若想要理解基層黨組織，就必須理解地區，尤其是設置在農村之中的基層黨組織。

1 農村，執政的重要基礎

除了高齡者以外，大多數的都市居民，都隸屬於大學和職場中的黨組織，而非地區的黨組織。從這一點來看，地區黨組織的存在感，比職場中的還要薄弱。而且，中國的村子，對我和許多讀者來說，都是很遙遠的存在。

但設置在農村的黨組織，是其他基層黨組織的原型。要依據分類說明黨組織時，首先就必須要說明農村的黨組織。就算不考慮中國共產黨，要理解中國社會和制度時，首先只要理解了農村的制度與機制，也能較容易了解其他領域。

設置在農村中的黨組織，會直接成為農村裡的政治中心。比起職場和都市社區裡的黨組織，農村黨組織擁有範圍廣且強大的影響力。不僅是黨員，甚至連所有村民的生活與未來，都大大受到農村黨組織左右。

農村的基層黨組織，被視為支撐中國共產黨執政的重要基礎。于建榮《農村基層黨建工作怎麼做》（二〇一六）一文，是以農村的基層黨組織幹部為對象的教材，其中提到：「農村基層黨組織，作為黨的基層組織，是黨在農村的戰鬥堡壘，是黨在農村工作和戰鬥力的基礎，是黨在農村執政的組織基礎。」這是要求農村的基層黨組織所擔任的角色，聽起來真是勇猛。

而設置在村裡的基層黨組織，主要發揮經濟和福祉方面的功能，要提供農村的產業振興和脫離貧窮的解決方案等。他們的責任，比設置在大學和企業中的黨組織還要重、還要廣。

儘管他們受重視的功能會因時間而異，不過在中國共產黨第十八次全國代表大會之後，農村黨組織的主要任務就是：①維持經濟的持續與健全發展、②不斷擴大人民的民主、③顯著增強軟實力、④全面提升人民的生活水準、⑤實現節省資源對環境友好的社會建設。其中任何一項都很困難。

這裡稍微離題，容我介紹一下中國村子的現況。

中國全國大約有半數人口居住在村子中。但這不是指中國有一半的人口從事農業。農村的工業化和都市化都有很顯著的進展，因此日本人想像的「中國村子」，和實際上的中國村子，有著很大的落差。在日本，一些毫無疑問處於市政化的規模村子，在中國也被稱為村。隨著都市的擴大與工業化發展，儘管發展的規模，在日本會被稱為都市，但在中國也還是村。尤其是在大都市近郊，就有很多這樣的村子。

都市化的村子，與我們想像的不同

不曾去過中國的人，或許對中國的村子沒有明確的概念。大多數時候，腦海裡還是會先出現不便、貧困等負面印象。的確，中國農村的生活水準和大都市相比，往往都比較低，問題也堆積如山，但是並非一般想像的那種農村，或是NHK紀錄片節目裡出現的那種荒村。

這或許跟翻譯也有關係。把中文的「鄉村」翻譯成日文時，都翻譯成「農村」。當中國社會還以農業為中心的時候，翻譯成農村是完全沒有問題的。但自從改革開放後，經過農村工業化、進入二十一世紀後，農村與都市一體化（城鄉一體化），鄉村也逐漸都市化了。因此，中國的農村也和日本人想像的農村不一樣。或許問題在於，不以農業為主要產業的村子，是否還能被稱為農村吧。

對我來說，最熟悉的中國村子，就是鄭州市的花園口村。讓我們來看看花園口村的行政階層構造吧，其結構如下：河南省→鄭州市→惠濟區→花園口鎮→花園口村。這個村子是位於黃河沿岸南側、花園口鎮的中心。從鄭州的市中心坐巴士，大約一個小時能到達。因此人們參觀黃河時，花園口村也是很容易造訪的觀光景點。

我第一次到花園口村時，在花園口村的村民委員會巴士站下車後，便開始散步。雖然我對那一帶一無所知，但我推測：「這附近大概就是村子的中心了。」

看了下頁圖表11的照片，大家應該就會知道，該地和一般對「村」的印象完全不同。村的中心有餐廳、商店和民宿，許許多多的建築並排著。儘管可能沒那麼流行、沒有像肯德基這類國外的連鎖店，相同的料理賣得比都市的鬧區更便宜，還會出現知名連鎖店的仿冒店等，比起都市市中心來說，發展得比較慢，但也不會格外貧困或不便。和我在日本住的杉並區井草地區一帶相比，花園口村中心的商店還更多。

到了更加都市化的村，除了比較落伍一點以外，幾乎已經和鬧區沒什麼區別了。讓我們看看旅中日本人「鎮皇Egiwo」，過去住在廣東省的村子時拍的照片（下頁圖表12、圖表13）。我們可以看到，整體是由中層集合住宅構成，一樓是商店，騎樓下有不少購物的人，比起東京一般地區還更都市化。與江戶川區和練馬區相比，有些中國大都市近郊的村子，還更像城市。

當然，會接觸到我們這些旅居中國的日本人，或許就已經不是中國平均一般水準的村子了，**畢竟中國有非常多村子，好幾年都不會出現任何外國人**。不過，村子的都市化，已經是現

圖表 11　花園口村，比一般人印象中的「村」繁榮許多。

資料來源：作者拍攝。

代中國的傾向。大多數農村都正以都市化、現代化為目標發展中。**對中國共產黨而言，脫貧是優先課題，因此振興農村的工商業與都市化（或與鄰近城市一體化），就是有效的選項之一。**

中國自前一個世紀起，就開始振興農村的工商業。根據不同的世代，或許有些人在高中的地理課曾學到「中國在改革開放後出現了鄉鎮企業」的知識。鄉鎮企業，就是農村藉由工業化而變得富裕的手段。鄉鎮企業

圖表 12、圖表 13　中國的村，有些熱鬧的更像城市。

資料來源：在中國的日本商務人士鎮皇 Egiwo 拍攝（2021 年）。

事業發展成功的村子，便成為「有錢的村」，生活水準也會飛躍性提升。直到現在，這樣的工業化也還在持續中。

對基層黨組織來說，農村的都市化是非常切身的課題。二〇一三年的《中共中央關於全面深化改革若干重大問題的決定》一文中，就提到除了要讓農村事業現代化、讓農村都市一體化、提升農村的公共服務、讓農村更容易享受到地價增值的利益，以及農村的都市化。換句話說，對於大都市近郊的農村基層黨組織而言，都市化或者與都市的一體化，都不僅是為了達到發展的手段而已，同時也是被黨中央賦予的目標。

此外，都市化達到一定程度的村子，有時候也會成為社區，而這些社區就是都市的基層。在這種狀況下，會先暫時解散村子的黨組織，再另設置社區的黨組織。

鄉與鎮的黨委員會都在做些什麼？

在前述村子的黨組織之上統整一切的，就是農村基層黨組織的頂點——

鄉、鎮黨委員會。在人口統計（尤其是用來顯示都市化程度所用的城鄉人口比例等）上，有時候會把人口密度較高的鎮，和相較之下人口密度較低的鄉區分開來，不過他們在黨組織當中的功能一樣，都會統整管理多個村的黨組織。

一般要求農村黨組織所具備的功能，有募集、教育黨員，以及在法令遵從方面監督黨員、吸收群眾意見、說服群眾等。也就是說，農村黨組織的工作和在第二章提到的黨支部工作幾乎相同。但農村黨組織的功能不只有這些。他們在區域開發與統治方面，也擁有很廣泛且強大的權限。

我試著從二〇一九年頒布的《中國共產黨農村基層組織工作條例》中，從鄉與鎮黨委員會的主要職責裡，節錄最重要的幾項，內容如下：

・關於鄉鎮振興的重要問題，須透過討論與研議決定。
・建構鄉鎮的經濟、文化、生態文明。
・鄉鎮政府與鄉鎮企業做重大決定時，要在黨委員會中充分討論（雖說企業做重大決定時，黨委員會也要討論，但這不是針對地區內的私人企業，而是針對鄉鎮企業。）
・強化對鄉鎮政府的指導與規範。

- 推行對地區內團體組織的指導與規範化。
- 擔負鄉鎮治理。強化社會主義民主法治與精神文明的建設。統合管理治安、生態環保、美麗鄉村建設、民生與社會保障、民族宗教儀式等業務。

（資料來源：《中國共產黨農村基層組織工作條例》）「學習問答十三、鄉鎮黨委的主要職責是什麼？」（https://www.12371.cn/2019/01/21/ARTI154805768 9915855.shtml）。

（一）宣傳和貫徹執行黨的路線方針政策和黨中央、上級黨組織及本鄉鎮黨員代表大會（黨員大會）的決議。

（二）討論和決定本鄉鎮經濟建設、政治建設、文化建設、社會建設、生態文明建設和黨的建設以及鄉村振興中的重大問題。需由鄉鎮政權機關或者集體經濟組織決定的重要事項，經鄉鎮黨委研究討論後，由鄉鎮政權機關或者集體經濟組織依照法律和有關規定做出決定。

（三）領導鄉鎮政權機關、群團組織和其他各類組織，加強指導和規範，支援和保證這些機關和組織依照國家法律法規以及各自章程履行職責。

〔四〕加強鄉鎮黨委自身建設和村黨組織建設，以及其他隸屬鄉鎮黨委的黨組織建設，抓好發展黨員工作，加強黨員隊伍建設。維護和執行黨的紀律，監督黨員幹部和其他任何工作人員嚴格遵守國家法律法規。

〔五〕按照幹部管理權限，負責對幹部的教育、培訓、選拔、考核和監督工作。協助管理上級有關部門駐鄉鎮單位的幹部。做好人才服務和引進工作。

〔六〕領導本鄉鎮的基層治理，加強社會主義民主法治建設和精神文明建設，加強社會治安綜合治理，做好生態環保、美麗鄉村建設、民生保障、脫貧致富、民族宗教等工作。〉

看到這裡就能知道，他們擁有統治整個地區的功能。鄉鎮的行政機關、鄉鎮企業，若沒有黨委員會的許可，便不能做出重要決定。此外，非黨員的團體，也必須接受黨委員會在遵從法律方面的指導。除此之外，治安和民生領域、傳統儀式等，也都是黨委員會管理的範圍。

在鄉鎮委員會下級，也就是村的黨組織，也大致擔負相同的功能。他們除了具備一般要求基層黨組織的工作之外，還要發揮以下的功能：

・透過討論決定關於村子振興的重要問題。而且要向上級黨組織的鄉鎮黨組織報告決議事項。

・推展村民的民主選舉和民主式決策。保證基於法律的村民自治活動。

・推展對於村子的企業與各種團體的指導與規範化。

・指導與監督「村民委員會」（詳細後述）自治組織。

・負責村的治理。妥善實行村的社會主義精神文明的建設，法令遵從的教育宣傳、治安、生態環保、美麗鄉村建設、民生、脫貧、民族宗教等綜合性的治理。

（資料來源：《中國共產黨農村基層組織工作條例》學習問答十四、村黨組織的主要職責是什麼？〔https://www.12371.cn/2019/01/21/ARTI15480577601208 65.shtml〕。

〔一〕宣傳和貫徹執行黨的路線方針政策和黨中央、上級黨組織及本村黨員大會（黨員代表大會）的決議。

〔二〕討論和決定本村經濟建設、政治建設、文化建設、社會建設、生態文明建設和黨的建設以及鄉村振興中的重要問題並及時向鄉鎮黨委報告。需由村民委員會提請村民會議、村民代表會議決定的事情或者集體經濟組織決定的重要事項，經村黨組織研究討論後，由村民會議、村民代表會議或者集體經濟組織依照法律和有關規定做出決定。

〔三〕領導和推進村級民主選舉、民主決策、民主管理、民主監督，推進農村基層協商，支持和保障村民依法開展自治活動。領導村民委員會以及村務監督委員會、村集體經濟組織、群團組織和其他經濟組織、社會組織，加強指導和規範，支援和保證這些組織依照國家法律法規以及各自章程履行職責。

〔四〕加強村黨組織自身建設，嚴格組織生活，對黨員進行教育、管理、監督和服務。負責對要求入黨的積極分子進行教育和培養，做好發展黨員工作。維護和執行黨的紀律。加強對村、組幹部和經濟組織、社會組織負責人的教育、管理和監督，培養村級後備力量。做好本村招才引智等工作。

〔五〕組織群眾、宣傳群眾、凝聚群眾、服務群眾，經常了解群眾的批評和意見，維護群眾正當權利和利益，加強對群眾的教育引導，做好群眾思想政治工作。

（六）領導本村的社會治理，做好本村的社會主義精神文明建設、法治宣傳教育、社會治安綜合治理、生態環保、美麗村莊建設、民生保障、脫貧致富、民族宗教等工作。）

儘管很多人對中國的認知，是「會否定民主的合議和多數表決，只由少部分菁英實行專制」，但事實上並非如此。先不管實際上中國是否真的能保證民主的統治，但在理想上，他們要透過居民的多數表決和全員討論（這樣的自治體制，實際上也存在於企業和學校等職場，下一章會更詳細的說明）。村的黨組織監督村民委員會的具體方式非常有趣，接下來會一一說明。

村民委員會不是行政機構，卻治理村子所有事務

村民委員會是基層的自治組織。值得注意的是，村民委員會在法律上並

非行政機構，而是為了村民自治而設的組織。**村民委員會是負責地區政治的主體，卻與行政機關區分開來**。如果把日本的「町內會」想成具有統治權限，或許就比較容易理解（然而在中國的法學與行政專家之間，村民委員會究竟該被視為自治組織，或是行政機構，似乎還在討論中）。

談到村的自治，對於我這個在中國時，一直都住在都市裡的人來說，有很多不太理解的地方。再者，我也沒有朋友住在中國的村子裡，因此這方面我必須仰賴過往的研究文獻來說明。慶幸的是，在日本，以中國的地方自治為對象的研究，還算滿活躍的。

根據唐燕霞（二〇〇七）（按：請參照書末主要引用文獻，以下同）表示，村民委員會誕生的原由大致如下。在計畫經濟時代，設立了人民公社，而各地區的人民公社領導，就由黨委員會來擔任。在計畫經濟時代，人民公社在農村的經濟與政治活動兩方面，都掌握了權力。但是在人民公社解體後，就發生了管理體制空白與治安惡化等問題。為了解決這些問題，在一九八〇年，廣西壯族自治區的合寨村，就設立了「村民委員會」，作為農村的自治組織。設置村民委員會是農民的自發行為，**村民委員會的幹部也是由村子各戶經由**

選舉（一戶一票，而非一人一票）而決定的。

換句話說，村民委員會的開端，不是由中央提出的制度，而是誠如文字所示，是自發性的自治行動。同時，設置村民委員會的提案，以及為了改善治安而修改村民規約的提案，也都是由村的黨員提出。至於是否獲得承認，則要透過村民會議與各戶的投票。

由於這是自發性設立的機構，初期的村民委員會沒有依據的法律。之後，黨中央對村民委員會的制度有很高的評價，因此各地也開始設置相同的委員會。接著在一九八七年，更施行《村民委員會組織法》，村民委員會的設立得以制度化。

根據唐（二〇〇七）表示，當由**上對下的統治力弱化、權力產生真空時，就會由下層開始出現自治的能力**，這就是村民委員會誕生的背景。儘管出現的契機是自治與自發，卻不是單純弱化上對下統治的制度。

根據唐（二〇〇七）的論述，關於法制化後的村民委員會，中國為了要讓國家權力與黨的影響力，再度滲透到農村社會中，因此就某種程度上承認了農村社會的自律性，並藉由政府的力量推動村民自治。活用村民自治作為整合農村社會的手段，對政府來說不用多費功夫，也不用多派人力，正是一舉兩得。

順帶一提，剛成立的村民委員會，工作就是制訂「不可以偷竊。如果在村子裡竊盜，就要收多少錢罰金」、「不能賭博」這樣的規定，並按照訂立的規定維持秩序。比起現在村民委員會還要負責福利、培養產業的狀況，較為單純。

松本末希子（二〇一九）以行政法學的角度，研究村民委員會和居民委員會，也幾乎抱持同樣的觀點。松本（二〇一九）認為，政府與村民委員會的關係，擁有「斷絕性」和「連續性」。**斷絕性指的是村民委員會不同於政府機構，是出自農民自治**。上意下達的指揮系統和自治完全不同。**連續性指的，則是村民委員會受政府機關委託業務，補足行政活動**，這一類與行政指揮系統的連續性。

也就是說，村民委員會擁有自治、自發、民主、草根等特徵，除了是下意上達的組織，同時也由上而下，或者是由中央到末端，維持並強化國家權力統治。儘管乍看之下是擁有矛盾特徵的組合，但這種狀況在中國社會和組織中，隨處可見。如果只強調某一方面，那麼在看中國社會和各種組織、制度時，就會越來越混淆。

村民委員會和村黨組織幹部，由同一人擔任

在統合了村民委員自治、自發、民主、草根的特徵，以及從中央對末端加強統治等兩個特徵時，發揮決定性重要功能的，就是村的黨組織。

村黨組織的重要工作，就是管理村子，以及監督指導村民委員會。黨組織在管理村與村民委員會時，具體的方法其實非常單純明快，村的黨組織幹部，只要原班人馬擔任村民委員會的幹部就好了。這麼一來，接受監督的村民委員會，就不可能對監督的村黨組織有所隱瞞（因為對象就是自己）。

村民委員會的領導「主任」，和村黨組織的領導「書記」，由同一人兼任，這被稱為「一肩挑」。根據唐（二〇〇七）表示，二〇〇五年，廣西壯族自治區的宜州市（現已為縣級市「宜州區」）就已經將「一肩挑」制度化了。如果在村民委員會的選舉中落選的人，就不能被推薦為黨組織的書記。這是

為了讓黨組織幹部與村民委員會幹部，由同一人擔任的制度，在二〇〇五年時，同縣級市的兩百一十位村民委員會主任中，有一百七十一人兼任黨組織書記。

「一肩挑」的現象，不只在宜州市看得到。同時，這也不是二〇〇〇年代特有的狀況，而是之後也持續的做法。例如在二〇二〇年八月，湖南省懷化市辰溪縣橋頭溪鄉的黨委員會，為了推展一肩挑，組織了指導小組。此外，在山東省濱州市沾化區富國街道，在二〇二〇年十一月，所有三十三個村都達成了一肩挑的情況。一肩挑被視為農村的黨組織與自治的改革。中國各地都為了實現「一肩挑」而展開行動，並由鄉鎮層級的黨委員會，擔任主要的推動角色。

事實上，不僅在村裡，在都市的社區、國有企業等各種基層黨組織中，都看得到這樣「**黨幹部與實務的幹部由同一人兼任**」的狀況。相當熟悉治理與監察的讀者讀到這裡，或許會想：「受到監察、監督的對象和執行監察、監督的人，不應該是同一人才對」。沒錯，我也這麼認為。

但實際上，與其讓其他人負責監督、透過彼此牽制，提高治理的機能，還不如**統一目標、達成效率化，或確保黨的上意下達統治**（如果是特別要求嚴格程度的會計與治理，就會由非領導人的其他委員，或者是上級黨組織的委員會負責監察。紀律檢查委員會是擁有特別功能的機構）。

居民能自己選出領導人固然是好事，卻不能保證居民推薦的主任，一定會和中央共享願景。從另一方面來看，黨組織的書記受過各種教育訓練，或者是有指導末端黨員的經驗，因此能與黨共享理念。而且，黨組織的教育內容與方針、活動等的步驟，是全中國都標準化的。為了要發揮上意下達的功能，並且讓末端實現中央的方針，如果由同一個人兼任村的黨組織領導和村民委員會的主任，**對整合整個國家非常有利**。

村黨組織的任務，就是要貫徹中央的方針，如果書記可以兼任村民委員會的主任，那麼村民委員會也會遵從中央的方針。例舉村黨支部的工作，第一個就是執行黨員大會以及中央、上級黨組織的決策。黨員大會或是黨員代表大會，基本上是由下往上反映意見的場所，但是基層黨組織不僅要吸收下層的意見，還必須遵從上級的決定。

除此之外，村的黨組織做出重大決議時，必須要獲得上級黨組織（例如鎮的黨委員會）的同意。就算是藉由黨員大會決議的事項，若沒有上級黨組織同意，也無法實現。

2 生活大小事，都可找居民委員會

農村毫無疑問的是基層，然而都市裡也存在著基層。都市裡與人民最貼近的基層就是「社區」。社區這個用詞，可以被翻譯為「地區社群」，但其特徵是，社區被視為一種行政區劃。

二〇二〇年，我仍在中國的大學裡任職。期間回東京時，新冠肺炎的疫情越來越嚴重，因此我就從東京老家，以線上方式為中國的大學授課，並處理一些雜務。我每天都必須線上回報工作崗位我的「健康狀況」，像是有沒有發燒等，報告事項中有一項是「你所居住的社區裡，是否出現了新冠肺炎感染者」，這真是讓我非常困擾。因為如果要套用到日本的行政區劃分，我實在不知道這個「社區」到底相當於什麼。

結果，因為我實在不知道哪個範圍算是我居住的「社區」，因此也不知道我家附近到底有沒有出現新的確診者，我對這個「你所居住的社區裡，是否出現了新冠肺炎感染者」的項目，只能每天都選擇「無」，然後送出。

社區相當於一個居民委員會（之後會詳細說明）管轄的範圍。但因為有些社區大約一千個住戶，屬於較小規模，有的社區規模大到多達五千個住戶以上，因此規模實在難以一概而論。尤其是蓋了高樓住宅後，人口就會急速增加，想要以多少居民來表達平均的社區規模，實在很困難。在我居住的鄭州，有很多新建的高樓住宅，因此在二〇二一年時，很多時候會將包含多個高樓住宅群（「〇〇花園」和「〇〇苑」這類）的複數住宅區域劃分在一起，構成一個社區。

另外，社區原本是指都市裡的地區。但在現代，在鄉和鎮等都已某種程度都市化的狀況下，有時也會設置社區（被稱為農村社區），其目的就是提升居民的公共服務等。

在都市裡，相當於鄉鎮的區劃就是「街道」。就如鎮由多個村構成，街道也是由多個社區構成。設置在街道的黨組織，會成為都市地區的基層黨組織的中心。但街道與鄉、鎮的黨委員會不同，就像在第三章提及的，他們不是設置委員會，而是會設置由上級指派的黨工委。

社區黨組織，大都沒什麼存在感，與農村黨支部不同

基層黨委員會是透過選舉而任命，但黨工委不是透過選舉選出，而是由區的黨組織所派。這就是農村的黨組織與都市的地區黨組織最大的不同。

街道黨工委，大都和提供街道行政服務的事務所——「街道辦事處」，設置在同一棟建築物中。街道黨工委會整合其下多個社區黨支部。

農村的黨支部，是地區裡所有活動的領導，此外也會被委託解決各種問題。但相較之下，街道和社區的黨組織，就沒有這麼大的存在感。由於中國和日本一樣，在大都市裡居民比較少和街坊鄰居交際聯繫，地區的黨組織成員和群眾接觸的機會就大幅減少。黨組織對群眾的指導減少，似乎是中國許多都市的社區黨組織共通的課題。

農村未退休的黨員隸屬於村的黨支部，但都市則不同。大多數黨員都隸屬於職場的黨組織。如同第二章說明的，隸屬於社區黨組織的黨員，主要都

是已退休的高齡者。如何組織從國有企業退休的高齡者黨員，就成了社區黨支部的重要任務。

在制度上，職場中如果沒有黨組織，就必須要向地區的黨支部提出入黨申請，但這種狀況少之又少。對社區的黨支部而言，擴大黨員、教育入黨積極分子等功能，先不論理論與制度上的問題，事實上幾乎不是什麼重要的功能。但如果在大學期間成為預備黨員，在成為正式黨員前就從大學畢業，離開大學後又暫時沒有工作的年輕預備黨員，就必須在地區的黨支部繼續接受訓練，所以有的時候，社區的黨支部也必須負起教育、訓練預備黨員的工作。

社區黨支部較少招募新血，大都是組織退休老黨員

社區黨支部的工作說明，會隨著不同的資料和網站而有差異，不過根據龍斯釗（二〇一九）的《黨支部書記實用手冊（二〇一九年修訂）》（資料來源：龍斯釗，《黨支部書記實用手冊（二〇一九年修訂）》〔Kindle 版第七八一頁至第七八八頁〉，社區黨支部有以下七項功能：

（一）圍繞建設文明和諧社區搞好服務。

（二）宣傳和執行黨的路線方針政策，宣傳和執行黨中央、上級黨組織和本組織的決議，團結、組織幹部和群眾，努力完成社區各項任務。

（三）討論決定本社區建設、治理中的重要問題。

（四）領導社區居民自治組織，支援和保證其依法充分行使職權，完善公開辦事制度，推進社區居民自治；領導社區群眾組織，支援和保證其依照各自的章程開展工作。

（五）組織群眾、宣傳群眾、凝聚群眾、服務群眾，反映群眾的意見和要求，化解社會矛盾，維護社會穩定。

（六）定期開展民情懇談，組織在職黨員到社區報到、為群眾服務，開展群眾喜聞樂見的文化活動。

（七）加強社區黨組織自身建設，做好黨員的教育管理監督和發展黨員工作。

其中，上述的（四）指的是直接指導社區居民自治組織「居民委員會」。

而（一）和（三）也是，與其說是社區黨組織單獨的功能，還不如說和居民委員會的功能有相當大的重疊。透過社區黨組織的幹部兼任居民委員會的幹部後，就得以實現這些工作。

至於與政治宣傳相關的（五），如果生活在中國，就會覺得比較切身了。在住宅區的牆壁上和公園，經常會看到政治宣傳標語看板，或立著啟蒙活動的布告欄等。設置或更新看板都是地區黨組織的工作。雖然說是政治宣傳，但其實不僅限於政治性和思想上的內容，有時候也有很多是「小心火災」和「嚴防小偷與詐欺」這類的內容。

在中國的都市散步，會發現有的地區政治宣傳看板較多，有的地區比較少。這就和該地區的黨支部，有多麼活躍的推廣宣傳活動有關了。不過在都市區，居民和街坊鄰居的關係淡薄，大多數民眾的生活也非常繁忙、沒什麼空閒，除了看板以外，沒有那麼多機會能接觸地區黨組織的政治宣傳活動。

另外，（六）的文化活動，在現代中國的都市裡也衰退不少。就和日本社區中心會對居民提供娛樂一樣，現在也會在居民委員會的多功能空間提供電影、舞蹈、戲劇和合唱大會等娛樂活動。不過，現代中國的都市裡，娛樂就非常多樣且水準高，因此黨組織提供文化性娛樂的比重，就不是那麼高了。大多數的居民在閒暇時，還是會選擇其他的娛樂吧。

至於跟擴大黨員相關的（七），算是所有黨支部的共同功能，但是社區黨組織實際上較少招募新黨員和教育。對社區黨組織而言，與其去發掘、教育新的黨員，不如接收退休後的老黨員並組織他們，才是重要的任務。

居民委員會，服務在地居民的自治組織

有一款以中國為故事舞臺的美少女遊戲，玩家玩這款遊戲時，就能實際體會到在中國的生活中，「社區」有多麼貼近人民的生活。這款中國製美少女電玩遊戲，名為《三色繪戀》，內容主要是描述武漢市高中生談戀愛的小說類型遊戲，故事開頭有一幕，是身為主角的高中男學生，在新學期第一天上學的早晨，附近的大叔就來向他搭話。這位大叔是「居民委員會」的委員，他對主角和主角的青梅竹馬說：「如果有什麼問題，就來居民委員會吧。」對中國的年輕人來說，老家附近的居民委員會成員向自己搭話，是再平常不

過的普通日常了。

居民委員會是以《中華人民共和國城市居民委員會組織法》為依據，而設立的居民自治組織。居民委員會由都市裡的居民組成。根據中國二〇一七年的《民法》修正，居民委員會和村民委員會都擁有法律上的人格（中華人民共和國民法總則第一〇一條）。也就是說，和企業相同，它們可以與成員區隔，擁有獨立的財產，並且成為行使契約的主體。

若要用一句話說明居民委員會，就是居民**不靠來自上級或其他的助力，而是靠自己的手教育、管理居民、提供居民公共服務的組織**。居民委員會的功能，是由《中華人民共和國城市居民委員會組織法》第三條所規定，內容如下（資料來源：https://www.mca.gov.cn/article/gk/fg/jczqhsqjs/201911/201911000021349.shtml）。

第三條　居民委員會的任務：

（一）宣傳憲法、法律、法規和國家的政策，維護居民的合法權益，教育居民履行依法應盡的義務，愛護公共財產，開展多種形式的社會主義精神文明建設活動。

（二）辦理本居住地區居民的公共事務和公益事業。

（三）調解民間糾紛。

（四）協助維護社會治安。

（五）協助人民政府或者它的派出機關，做好與居民利益有關的公共衛生、計畫生育、優撫救濟、青少年教育等項工作。

（六）向人民政府或者它的派出機關反映居民的意見、要求和提出建議。

如果把居民委員，想成日本既有的居民自治委員會「町內會」，理解上就不會相差太遠。但為了明確區隔日本的町內會和中國的居民委員會、村民委員，有幾點必須要注意。首先，居民委員會和村民委員會不是隨意組成的團體，而是必須設置的組織。此外，他們擁有像行政機構一般的機能，提供公共服務，這也和日本的町內會不同。

另一方面，由於沒有公權力，居民委員會與村民委員會是否能說是行政上的主體，在中國的法學專家之間也議論分歧（參照松本〔二〇一九〕等）。

根據《中華人民共和國城市居民委員會組織法》第八條，居民委員會的主任、副主任和其他的委員，是經由選舉選出。**十八歲以上的居民，擁有選**

舉與被選舉權。但與日本的區議會議員選舉大不相同。居民委員會的選舉，會在居民會議時舉行。民眾必須把票投進投票箱，這一點和日本的選舉相同。

不過因為是會議，有最低出席人數的規定。居民委員會的選舉，最少要有過半數的選民參加。雖然是較難達到的數字，不過中國和日本的選舉不同，可以由各戶代表來投票，或者是由鄰近居民的小組，指定兩到三位選舉人代理投票。

在過去，經常出現村民委員會的選舉十分激烈的狀況，不過居民委員會的選舉卻很冷清。大多數居民都認為，由誰來當居民委員會的主任都不要緊。直到居民委員會的投票前夕，都沒有選舉宣傳車大音量宣傳候選人的名字，所以有時候大家根本不知道誰是候選人。此外，由於工作很枯燥乏味，因此即便十八歲以上的人就有被選舉權，但幾乎沒什麼年輕人想擔任居民委員會的委員。

比較一下村民委員會和居民委員會，村民委員會必須參與地區的產業培植政策，但**居民委員會的工作，重點則是擺在為居民提供服務**。扶植都市裡的工商業，不是居民委員會的任務。在這一點上，比起村民委員會，居民委員會的工作就沒有那麼繁重。居民委員會也不具備足以改變整體居民生活水準，和地區未來的影響力。

在平時，居民委員會的工作負擔基本上不太繁重，報酬也隨著地區而不同，給委員的報酬也不高。主要都是由國有企業退休後的高齡者擔任。雖然不知道真實性有多少，不過我聽學生說過：「其中甚至有人一整天只是坐著，閒得不得了。」

羅佳（二〇〇九）曾對居民委員會，做了詳細的田野調查，表示在二〇〇八年時，江蘇省蘇州市某個社區的居民委員會，委員的報酬是一個月一千兩百元到一千三百元人民幣左右（按：約新臺幣五千兩百八十元至五千七百二十元），而且沒有休假日和特休，還規定請病假的話會被扣十元人民幣，私事請假則會被扣二十元人民幣。

現在的薪資想必比當時更高了。例如，在二〇一八年規定，江蘇省南京市的居民委員會主任的報酬，年薪最低也要有九．八萬元人民幣（按：約新臺幣四十三萬一千兩百元）。不過南京算是薪資水準較高的都市，很多城市的居民委員會主任的薪資，應該都比這個數字低得多。

但說到「公共衛生」這一點，或許很多人立刻就會明白。**在新冠疫情蔓延及疫情防控、限制外出時，居民委員會就成了最前線的執行部隊**。在我寫這本書的同時，我認為應該要看一看居民委員會幹部的工作手冊，因此找了幾本專門寫給幹部的手冊來看。在二〇二〇年後，這些手冊幾乎都和防止疫情和封控有關。

居民委員會和村民委員會屬於同一個類別，都是「基層群眾性組織」。由於是發自群眾、為了群眾的自治組織，所以形式上不同於黨的活動。但是居民委員會實際上還是和村民委員會同樣，或是在村民委員會之上，和社區的黨組織有密切關係，組成人員也會重複。

居民委員會與社區黨組織，領導卻是一肩挑

就和村民委員會與村黨支部的關係一樣，要掌握社區的實際樣貌，就不可能脫離中國共產黨的基層組織。此外，實際在中國生活的日本人，經常會把地區居民委員會幹部告知的注意事項，理解為「附近的共產黨員告知的注

意事項」。要說是否能把這看作是無知的外國人引起的誤解，就有點微妙了。因為居民委員會的幹部，經常和共產黨的社區黨委員幹部是同一個人。也就是說，在很多例子中，**地區共產黨組織的負責人，就直接兼任居民委員會的幹部**。

例如曾調查過中國居民委員會實際情況的羅佳（二〇〇九），就詳細描述了這一點。羅佳訪問、調查的居民委員會中，領頭的主任就兼任地區黨支部的領導，也就是書記。而且黨支部的副書記，也兼任居民委員會的委員。由地區黨支部的幹部，同時擔任居民委員會的幹部，似乎就是目前的現狀。

此外，大多數的社區黨總支部或社區黨支部，幾乎都與居民委員會位於同一棟建築物中。畢竟場所和成員都一樣，所以即便是居民，也有人無法區分居民委員會與社區黨支部。再者，社區黨組織的功能，大都與居民委員會的重複。在社區黨組織的工作中，很多都與地區居民有關，必須要透過居民委員會執行。但是居民委員會的委員，也可以由非黨員的人來擔任，這一點完全沒有法律上和行政上的問題。

如果由同一個人兼任社區黨組織的書記與居民委員會的主任，那麼就和村民委員會與村黨組織書記的關係一樣，會被稱為「一肩挑」。我在寫這本書之前，一直都以為「居民委員會的主任，本來就和社區黨組織的書記是同一個人」。但是調查之後才發現，近年仍然有很多區的黨委員會，設定的目標是「讓社區黨組織書記與居民委員會主任『一肩挑』」。反過來說，這就意味著有些情況是社區黨組織書記，並未兼任居民委員會的主任。

此外，「某組織的負責人，同時兼任黨組織的負責人」的狀況，除了在地區裡，也很常在職場看到，產生了中國特有的企業系統。尤其是在國有企業更為顯著，這一點將會在下一章詳細說明。

許多中國企業，在某種程度上與地區自治的結構有共通之處。這種「民主管理」，是中國獨特的企業治理制度。民主管理也和職場內的黨組織有很深的關係，這方面也將在下一章說明。

第 5 章

中國企業特色，每個公司都有黨組織

對於正在職場中工作的中國人而言，公司裡的黨組織，比地區的黨組織要來得更親近。前面也大致提到大學裡的情況，但本章將會著重說明企業的黨組織。

與日本不同，中國國有企業的存在感非常強烈。特別是國有企業內，黨組織握有強大的影響力，不僅能左右企業的方向，也對職場治理發揮了很大的力量。在民間企業裡的黨組織，影響力有減退的傾向，不過部分民間企業中，有些黨組織還是有很大的力量。

在日本蔚為話題的中國企業，例如騰訊和阿里巴巴、恒大集團等，有很多是民間企業。不過，會出現在世界排行榜中的中國企業，大多數都是國有企業。最頂級的國有企業「中國移動」，手機的簽約用戶就超越九億四千萬人（二〇二〇年時），是世界上最大的行動通話業者。此外，在二〇二〇年，中國寶武鋼鐵集團的粗鋼生產量，已經超越安賽樂米塔爾公司（ArcelorMittal S.A.），成為世界最大的鋼鐵製造商。中國寶武鋼鐵也是國有企業。

俯瞰名列在《財富》（*Fortune*）雜誌全球五百強等，全球企業排行榜前段班的中國企業中，會看到國家電網、中國石油天然氣等國有企業。

除此之外，標普全球市場財智（S&P Global Market Intelligence）的世界銀行排名當中，二〇二〇年的前五大，就都被東亞的銀行占據。這個排行榜的前五大中，除了排名第五的三菱日聯金融集團以外，其他四家都是中國的國有銀行（中國工商銀行、中國建設銀行、中國農業銀行、中國銀行）。

人們常說，**中國企業在下決策時速度很快，變化也很快**。至於其中的理由，有人說是「不重視共識，全都憑藉經營者專斷獨裁」，或者認為「遵守法令管制，不像日本企業那麼嚴格」。的確，在中國會看到這樣的例子，不過原因不僅如此。人們之所以會說中國不重視共識、不遵守法令規範，我認為是對中國的刻板印象，發揮了很大的影響。

對組織而言，最重要的是共享願景與人和。關於這一點，聽起來或許很像日本老舊體質的中堅企業負責人在說教。或許有很多社會人士的讀者，已經不想再聽這種老掉牙的話吧。但是就算在中國企業中，共享願景與人和同樣非常重要。如果成員無法共享願景，或者是員工之間的關係薄弱、互相不信賴，這個組織就不會強大。

一說到「和」，不少人會認為這是日本式的概念，但這可不一定。雖然有點偏離主題，不過所謂的「人和」，是出自於《孫子兵法》中的詞語，對中國的組織來說，這也算是熟悉的概念。《孫子兵法》提到，儘管有天時與地利，也仍比不上人和重要。就算天候與地形對我軍有利，如果成員關係惡劣、彼此仇視，軍隊就會輸掉戰爭。

「共享願景」這句話怎麼聽，都像日本中小企業經營者最喜歡的詞彙，不過其實許多外資企業也相當重視這個概念。美國管理顧問詹姆・柯林斯（James C. Collins）和傑瑞・薄樂斯（Jerry I. Porras）合著的《基業長青》（*Built to Last*），被稱為是組織論的傑作。書中提到，持續強大的企業，不需要有領導魅力的經營者和天才的創新點子，而是要與成員共享企業理念和願景，並自始至終深信不疑。

為什麼我會在這本論述共產黨組織的書裡，提到「資本主義的話題」？因為加強組織裡的「人和」與「願景的共享」，正是職場中黨組織的關鍵工作。尤其是在公司內部的黨員教育和娛樂活動相關的面向，這一點特別明顯。

企業裡黨組織的工作，不只是員工教育和娛樂活動。儘管最主要的部分被去除，但中國企業裡的自治結構，與其他國家的企業大不相同。這是一種發自員工的自治機制，被稱為「民主管理」，本章將會詳細說明。企業裡的黨組織，在民主管理上，也發揮了很大的功能。

誠如我在第二章所說明，國有企業與集體所有制企業（勞動群眾集體擁有的企業）當中的黨支部，必須對企業組織發揮指導的作用。他們會參與重要（非政治層面，而是事業層面）的決策。此外，**黨支部也被上層要求發揮建立企業文化的角色**。在國有企業中的黨組織，功能尤為重要，因為他們與**建立企業理念、公司治理與企業社會責任**（CSR）這類，極為現代化的問題密切相關。

此外，在大學時代希望加入共產黨的學生中，不少人把進入國有企業視為就職選項。在日本，似乎很多人認為「黨員會被當成特權階級，受到特別待遇」，不過從國有企業的角度來看，如果雇用已經成為黨員的年輕人，那麼他們必定也較容易同意經營理念和管理方針，也較好運用。這是因為黨組織會對企業經營與組織指導，發揮不小的影響力。而且他們也盡量讓同一個人，同時擔任企業幹部和企業內的黨組織幹部。

1 負責尾牙的不是福委員，是黨支部

國有企業的黨組織，也和其他的黨組織相同，黨員在三人以上、五十人以下的話，就會設立黨支部。如果黨員在七人以上，就會設立支部委員會。未滿三人的話，則會和鄰近企業組成聯合黨支部，這一點與企業以外的黨支部一樣。不過在一九九〇年代前，大多數的小規模國有企業都民營化了，因此在國有企業中比較少有這種狀況。黨支部的書記、副書記，必須透過黨員大會的選舉而任命，任期為三年。

國有企業內的黨組織，依人數分成數個層級

國有企業中，黨員如果超過一百人的話，會設置黨基層委員會。委員會

的成員必須透過黨員代表大會，或黨員大會的選舉而任命，同時他們也有義務向黨員代表大會或黨員大會報告，任期是四年至五年。

國有企業的黨組織，還有設置紀律檢查委員會的義務。紀律檢查委員會的委員，必須藉由黨員代表大會的選舉選出並任命，委員會的功能與法令遵從有關，這一點將會在後面詳述。

黨員在五十人以上、未滿一百人時，會設置總支部委員會（任意）。總支部委員會與支部委員會不同，可以設置黨委員會專業的委員。大多數黨支部的成員，主要工作是黨務以外的公司業務，再處理原本業務以外的黨支部工作。但是總支部委員會中，也有委員只處理黨務。黨總支部的書記與黨支部的書記一樣，都必須透過黨員大會的選舉而任命，任期為三年。

企業的黨支部，必須對企業活動有所貢獻

第二章曾說明一般黨支部的功能，而企業內黨支部又有特別的角色。黨支部理所當然具有政治上的功能，但要求國有企業內黨支部發揮的機能，包

括不能與企業的生產活動與經濟活動相互衝突，以及要賦予企業活動正面的影響。

推展黨的組織活動時，要求結合、統整企業的經濟活動。此外，也期待各黨支部對企業活動的所有步驟有好的影響（關於企業內黨組織與事業活動的關係，將在第三節介紹）。這裡指的步驟，不是政治上的，而是相當於「價值鏈」的各個步驟，例如**生產活動**、**銷售活動**、**研究開發活動**等。

如果是國有企業，黨支部要廣泛的影響各活動，這些企業內的黨支部功能，若是在私人企業的話，則較為衰退。

企業內黨支部書記的條件，與理想社會人士形象重疊

幹部也必須具備思想、政治層面以外的素質與能力，這與企業內黨支部所要求的功能有關。根據國家電網黨校（管理學院）黨建研究課題組的《國有企業黨支部工作指導手冊》記載，黨支部幹部的條件，必須具備以下的能力和素質。

・「業務素質」：學歷、素養、指導能力。推展黨組織活動的創造性與能力、語言表達能力等。

・「能力素質」：分析力與執行正確決策的能力、組織與協調能力、善於用人的才能、探求職業上獨創技術與技能。

・「作風素質」：能基於實際情況判斷，廉潔不追求私欲，講求民主、不獨斷專擅，奮鬥努力不懈怠，為了去除群眾不安、解決困難，會深入第一線調查研究。

（資料來源：國家電網黨校〔管理學院〕黨建研究課題組，《國有企業黨支部工作指導手冊》，Kindle版頁數第四四四頁至四四七頁，紅旗出版社，Kindle版本。

黨支部書記應具備以下素質能力：

・政治素質：〔一〕有堅定的政治立場。〔二〕有一定的馬克思列寧主義、毛澤東思想、鄧小平理論、「三個代表」重要思想、科學發展觀、習近平總書記系列重要講話精神的理論水準和政策水準。〔三〕有端正的思想作風。〔四〕有高尚的道德品質。〔五〕有開拓進取精神和終身學習的意識。

・業務素質：〔一〕有相應的文化程度，具有與本職工作相適應的文化知識結構和勝任基層領導工作的能力。〔二〕有創造性組織開展黨組織活動、加強改進黨支部建設的能力和工作方法。〔三〕有善於做好思想教育工作的能力和一定的語言文字表達能力。

・能力素質：〔一〕善於分析，正確決策，特別是在關鍵時刻把握運用好這個能力。〔二〕有較強的組織協調能力。〔三〕善於用人用才。〔四〕講究工作藝術和工作技能。

・作風素質：〔一〕作風樸實，實事求是。〔二〕廉潔勤政，不以權謀私。〔三〕講民主、不獨斷專行。〔四〕艱苦奮鬥，不貪圖享受。〔五〕深入實際調查研究，為群眾排憂解難。）

也就是說，即使以中國共產黨來看，在政治層面上「正確」的人，要是缺乏協調能力，或者平時對自己的工作缺乏動力，又或是私欲很強的人，都不適合擔任黨支部的幹部。

但是話說回來，這只不過是理想，無法保證企業內黨支部的幹部，實際上都是勤奮向上、有協調能力且廉潔之人。不過，至少他們還是會受到周圍的壓力，必須表現出有協調能力的樣子，也必須努力才行。順帶一提，以我在中國工作的主觀經驗來說，兼任黨員與職場上管理職的人，在協調能力與溝通能力上，的確比一般的中國社會人士來得優秀。

這裡我要強調，在中國以外的國家，包含日本在內，要求的理想社會人士形象，都和黨支部幹部必須具備的素質大幅重疊。由此可見「有協調能力且勤奮的人才」，不管是在哪一種政治體制之下，不管抱持什麼樣的政治思想，都是職場必要的人才條件。

主辦尾牙和娛樂活動的是黨組織

企業內的黨組織還有一項重要的功能：主辦娛樂活動，例如舉辦運動會、歌唱大賽、尾牙等。這與大學等高等教育機構中的黨組織是共通的。

自從二〇一〇年代中期開始，在所有娛樂活動當中，中國對於尾牙和新年大會，有種自我克制的氛圍，因此近年來國立大學及國有企業都不太公開舉辦尾牙與新年會。在日本的公司，舉辦各種聚會時，大都會使用員工的公積金，不然就是由參加的人分攤費用，費用主要都是員工自行負擔。但在中國職場上，舉辦宴會的話，大都由職場負責費用。

也就是說，中國的大企業和大學舉辦宴會時，員工不需要付錢就能舉辦。近年來，聽說日本也有很多年輕員工討厭職場的聚會，但在中國，我幾乎沒遇過討厭這種聚會的年輕人。我相信，這不單是因為日本年輕人想避開愛說教的主管或強迫員工接受自己想法的主管，或許更重要的是，不想負擔聚會費用的問題吧。

看到這裡，或許有讀者會想，自己得要出錢參加職場聚餐，但這些中國人竟然能用公司的費用大開宴席，也太狡猾了吧！的確，中國國內也出現了這種批判，認為用職場的費用為員工舉辦宴會，實在太浪費學校和企業的錢了。還有人批評說，說得難聽一點，看樣子離私吞和貪汙也不遠了吧。小公司與自僱人士想辦宴席，就得自己掏腰包，但大國營企業和國立學校，就不用自己出錢辦尾牙和新年酒會，讓人覺得不公平。

在習近平政權下，重視打倒貪腐和禁止浪費，不僅是針對公務員，就連國有企業和國立大學，如果有過度的福利待遇，也會受到嚴加管束。在這樣的背景下，職場的聚會已經比以前大幅減少了。

順帶一提，直到二〇一四年左右，河南省的大學都還很少舉辦教職員聚餐。不過到了二〇一〇年代後半，除了以外國教師為對象舉辦尾牙外，就幾乎不舉辦聚會了。

儘管吃飯、喝酒的聚餐和宴會減少了，但現在滿多公司，還是會舉辦運動會、歌唱大會等，員工表演歌唱、舞蹈和魔術的活動。這種活動大多數都是由職場和學校裡的黨組織主辦。舉辦娛樂活動時，企業裡的黨組織就會發揮主辦人的功能。

畢業於商學院和社會學院的人，想必很多人聽過「霍桑實驗與人際關係理論」、「非正式組織」吧。在職場內形成社群和社團時，乍看之下很沒意義，實際上卻有提升生產效率的效果。

儘管最近的年輕人不喜歡，不過日本的企業過去也有這種與同事喝酒聚餐、娛樂、打高爾夫球的活動，在體制較舊的企業裡，甚至還有社團活動。中國職場中，共產黨組織也同樣提供了同事之間聯誼、深化交流的機會。

2 員工得上「黨課」，這是必備的教育訓練

所謂的「黨課」，就是教育黨組織裡的黨員。「課」也有指導、聽講的意思，因為是黨的指導，所以稱為「黨課」。在形式上，它和大學等大教室裡的講座差不多。擔任教師的黨幹部，會用「PowerPoint」的投影片和板書，向眾多黨員授課。黨課的教師都由黨組織內的幹部兼任，或者由有幹勁且特別優秀的黨員來擔任。依據狀況不同，有時也會由上級黨組織的幹部，或是招聘外部的教師、專家學者來授課。

企業之外的共產黨組織也有「黨課」，不過企業內共產黨組織的黨課，有一個特色，就是會出現類似員工教育的面向。企業內部不會太頻繁的舉辦「黨課」，例如國有企業的黨組織大約一年舉辦一次，主要是在夏季召開。

企業內黨組織上的「黨課」，在教些什麼？

國家電網黨校（管理學院）黨建研究課題組的《國有企業黨支部工作指導手冊》當中，就提到企業內黨組織舉辦「黨課」的教育內容如下，特色不僅有教育黨員的面向，同時也有教育員工作為社會人士的面向：（一）與習近平思想及過去領導人政治思想相關的理論及其精神之教育。（二）關於黨的基本方針與重要政策的教育。（三）關於黨章與黨的基本知識的教育。（四）與時事情況相關的政策與工作教育。（五）黨的傳統與風紀教育。（六）黨員的現實思想教育。（七）市場經濟知識與科學、文化的教育。（八）專業知識教育。（九）企業文化教育。（十）廉政教育。（十一）關於社會主義核心價值觀，與中華民族傳統美德的教育。

（資料來源：國家電網黨校（管理學院）黨建研究課題組，《國有企業黨支部工作指導手冊》（Kindle 版第七九二頁至第七九七頁），紅旗出版社，

Kindle 版本。原文為：

〔一〕中國特色社會主義理論體系和中國夢。加強馬克思列寧主義、毛澤東思想、鄧小平理論、「三個代表」重要思想、科學發展觀和習近平總書記系列重要講話精神等基本理論教育。〔二〕黨的路線、方針、政策教育。〔三〕黨章和黨的基本知識教育。〔四〕形勢任務和時事政策教育。〔五〕黨的優良傳統和黨性黨風黨紀教育。〔六〕黨員現實思想教育。〔七〕市場經濟知識、科學文化知識教育。〔八〕專業知識教育。〔九〕企業文化教育。〔十〕黨的廉政教育。〔十一〕社會主義核心價值觀、中華民族優秀文化和傳統美德等。）

以上的教育內容中，（一）與習近平思想及過去領導人政治思想相關的理論及其精神之教育、（二）關於黨的基本方針與重要政策的教育、（三）關於黨章與黨的基本知識的教育、（五）黨的傳統與風紀教育、（十）廉政教育、（十一）關於社會主義核心價值觀與中華民族傳統美德的教育，都和大學黨支部教育希望入黨人員時的主題非常相似，而且在企業以外的黨支部，也都在推展內容時，會和管轄企業內部、法令遵循和企業社會責任等連結，因此同時也有員工教育的另一面。

另一方面，「（四）與時事情況相關的政策與工作教育」對於航太產業、國防軍事工業、基礎建設相關產業，在業務執行和今後經營方針上，都是非常重要的主題。而（七）市場經濟知識與科學、文化的教育、（八）專業知識教育、（九）企業文化教育等幾項，**與其說是中國共產黨黨員的教育項目，不如說是社會人士必備的知識**。這些項目，都不是大學等教育機構的黨組織，應該負責的內容。教育機構的話，會在「黨課」之外的普通課程與研究中，講授和研究這些內容。

除了日常工作、黨課之外，還得接受黨組織的教育

黨支部在「黨課」之外，也會教育黨員。相較學習的時間，這些教育的時間都比黨課要來得長。黨支部的教育內容，除了過去領導人的政治思想、習近平思想、黨的方針與政策等黨的基本知識以外，其特色還有學習科學、

文化知識與業務相關知識等。

在黨支部的學習時間算是滿長的。以國有供電企業「國家電網」為例，黨支部書記一年要修五十六堂課，每堂課大約是四十五到五十分鐘。同一間公司的一般黨員，一年也必須修三十二堂、四十五到五十分鐘的課。他們會獎勵黨支部書記一年接受一次短期集中訓練課程，一般黨員也會被要求每個月的學習時間，必須要在六小時以上。此外，如果是一般黨員，每半年就要提出兩篇以上學習內容的大綱，或者是表明決心的報告。

本書在執筆時，我透過網路蒐集了共產黨員朋友們的抱怨，對於黨支部的教育活動，很多黨員都抱怨：「實在是太麻煩了。」（雖然我先前舉了國家電網的教育活動為例，不過這不是國家電網員工的抱怨）。實際上，我住在中國的時候，也經常聽到同事和主管抱怨同樣的事。不過，當我透過網路訪問時，卻幾乎沒有聽到「實在沒必要」、「最好取消這種規定」的意見。我想其中的心態，應該是有點「想要對外國人維持黨的顏面」，不過或許一般黨員也認為「雖然很麻煩，可是大致上還算不錯」吧。

我研究的是企業經營，因此經常聽日本的朋友抱怨員工教育方面的事。

通常在日本，於鐵腕獨裁負責人企業中就業的員工，都會表示：「員工教育實在是太死板無聊了，最好取消。」員工最常抱怨的員工教育，大都是努力就會成功、有志者事竟成之類的論調，或者是在宣揚創業者自以為是的思想，和偏頗的心靈雞湯，根本跟工作沒什麼相關，實在讓我很同情他們。

但另一方面，大企業的員工意見則大多數是：「員工教育和主管升等考核雖然很難，有時候主管還會做一些不中用的指導，但訓練和考試還是必要的。」、「讀書學習的內容本身還是很有幫助的。」接受訓練的員工，對於員工教育的評價，多少還是反映出了教育的效果。

3 共產主義與資本主義的結合：黨建品牌

一般人印象中的「黨組織」，是完全政治性的組織，很難與生產活動和商業活動產生連結。或者說，會被視為與生產活動、商業活動相互矛盾。但是在中國，由黨組織來提升政治意識、在日常生活中推行眼前的工作，卻完全不會被認為有矛盾。不僅如此，甚至還有人會認為：「明明做了政治學習，也活躍的參加其他黨活動，但如果在工作方面沒什麼結果的話，會很奇怪（也就是說，這表示政治學習方面沒有成果，學到的東西沒有成為自己的實踐力，也無法達到真正的團結）」。

黑龍江省的大慶油田，是中國第一大油田。或許有讀者曾在地理課學過這個知識。大慶油田主要由國營企業「中國石油天然氣股份有限公司」營運。

閱讀二〇二一年十一月，大慶油田黨委員會的幹部會發表的文章（學習六中全會精神——大慶油田：汲取精神力量，當好標竿旗幟，資料來源：https://vod.xianfengdangjian.com.cn/content/h/content_26934.shtml），可見他們把大慶油田**實施提高生產量、降低成本的開發戰略，看作是體現「對黨的忠誠」**。也就是說，提升業績和工作動力，對企業裡的黨組織來說，都是具體展現對黨的忠誠。

大慶油田這樣的觀點，其實不是什麼特別的例子，在中國一般的國營企業裡非常普遍。企業裡黨組織的幹部對黨有忠誠心，學習了黨的方針與領導者的精神，接著把這些概念，教育給末端黨員和群眾，在工作層面，也就能持續改善和努力成長。企業裡的黨組織，就是靠著這一套邏輯架構在運作。

換句話說，如果講難聽一點，也可以說他們是「因為業績普普通通不見起色，所以誇大強調忠誠心與愛國心，就能明哲保身」，但這樣的態度在中國職場是完全行不通的。如果員工有心想要體現主席提到的精神，和有中國特色的社會主義，就必須要推展符合時代的企業戰略與革新活動。要是**真的有愛國心，就會認真面對眼前的工作**，若是**有愛黨之心，就必須用心指導和**

鼓舞自己的下屬。

還有一個叫做「黨建品牌」的措施，與企業裡黨組織的活動和業務改善並行。他們把意味著建設、構築共產黨黨組織的「黨建」，與極為資本主義概念的「品牌」結合。「黨建品牌」包含了提升地區基層黨組織實行的提升公共服務活動、使學校黨組織的活動更具特色等，在這裡讓我介紹幾個企業「黨建品牌」案例。

浙江省嘉興市水事業公司「嘉源集團」，從二〇一八年開始建立一個名為「小紅二」的黨建品牌。「小紅二」的品牌建立，由企業裡的黨組織主導，目標在工學、民生、發展這三個角度，達到高水準。具體而言，就是從各個角度，例如從建設水處理設施、維護供水設施，到提供各種事務手續，都要實行綜合改善活動。

嘉源集團的黨委表示，他們秉持著「匠心精神」，來建構基層黨組織。說個題外話，匠心精神在二〇一〇年代後半的中國，算是流行語。他們經常會拿這句話，用來連結日本企業與日本產品的傳統工匠精神和高品質。在二〇一〇年代後半，就連吉野家的中國店鋪，也主打他們是以「匠心」提供牛丼，並以此製作店內廣告。

嘉源集團的品牌建立活動，主打「為民生而供水」的使命。這個使命不只讓民眾，能到南湖區和秀洲區，所有鎮與街道的公共服務中心辦理供水手續，而且事務手續也達到「一站式」處理。為了達成「為了民生而供水」的使命，嘉源到二〇二〇年九月為止，企業用水的水費都有九折優惠。因為在中國，有很多企業受到新冠肺炎疫情的影響，陷入了財務困境。

不只如此，他們還提供大客戶漏水檢查服務，在二〇二一年六月底為止，節約了五．四五萬噸供水，和三十萬人民幣（按：約新臺幣一百三十二萬元）的成本。此後，據說也由同公司裡的黨員擔任義工，持續的檢查水質和漏水。

4 黨組織要負責監督企業是否違法

企業裡的黨組織，也和法令遵循的工作有關。在第二章介紹黨支部功能時，曾提過黨支部的基本功能，包含「監督黨員幹部及其他人員遵循法令」。這裡的其他人員，包含了黨員以外的人。**企業裡的黨組織，在法令遵循方面，比地區裡的黨組織更重要。**

黨支部的基本工作，包含監督法令遵循

國有企業的企業內黨組織，有義務要在每個支部，設立基層紀律檢查委員會。這個紀律檢查委員會主要的存在意義，就是法令遵循。在防止貪汙瀆職方面，紀律檢查委員會也必須發揮監督機能，和公司裡的監察部門、監事

會是分別設置的。

企業裡黨組織的監察活動，不只是監督職場裡的黨員是否遵守黨章、黨內法規與黨的基本方針，他們也會監察企業活動的廣泛領域。其中包含參與人事晉升決定、檢查重要部門的運作，也會針對如何提升效益提案。

說到「法令遵循」與「共產黨支部」，或許很多人會覺得不搭調。尤其是年紀較長的企業人士，都會對我說：「中國不是法治很弱的國家嗎？貪汙的情況很多，應該是人治面較強的國家吧。」的確，中國這個國家很多貪汙，貪汙的規模也比日本大得多。而且確實在過去，人治的色彩或許滿強烈的。但是在二〇一〇年代中期後，反貪腐和法治，就成了黨中央的重要目標。就算在末端的黨支部，也必須徹底執行。

比起企業和行政，大學裡的反貪與守法不是重大的議題。儘管如此，還是常看到大學黨組織製作的啟蒙海報，內容是關於法令遵循和遵守法制等。

不過，如果法令遵循和監察太過嚴格（或者太講求細節），工作效率和組織的靈活度就會低落。第一線會因為嚴格的監察而萎縮，也可能逐漸失去創造力和活力。

共產黨的法令遵循監督部門──「紀律檢查委員會」

從末端的黨支部到設置於組織中心的黨委，職場裡的黨組織都要負起遵守法令的責任。而且，中國共產黨有個委員會，名為紀律檢查委員會，專門負責監察。

在黨中央、地方黨組織和地區的基層黨組織，都設有紀律檢查委員會，但本書不是要解說黨中央和地方黨組織。比起社區的基層黨組織，這個委員會在職場內的黨組織，發揮著更重要的功能，在這裡也稍作說明。

中國國有企業裡的紀律檢查委員會，具有以下功能：

（一）維護黨的章程和其他黨內法規；對黨員推動遵從法規的研習。
（二）檢查黨組織與黨員是否徹底貫徹黨的路線、方針、政策和決議。
（三）參與企業幹部選拔的測驗與監督。
（四）遵循規定，黨組織與黨員違反了黨章和黨內法規時，實行檢查和處分。

（五）受理黨員的控訴，保障黨章所規定的黨員權利。

（六）對企業重要部門，實行監察與提案。

本來如上所述，紀律檢查委員會的主要功能，是對黨員實行紀律檢查與處分。因為反貪腐成為重要的課題，所以無論在地方或職場，紀律檢查委員會的影響力，都比過去來得強大。

此外，觀察近年來中國與醜聞有關的新聞，紀律檢查委員會參與非黨員處分的例子也增加了。

5 國有企業的公司治理與「老三會」

本書盡量不觸及「高層組織」，不過要談到職場裡的黨組織時，無論如何都會提到高層管理層。**職場裡的黨組織，大大影響了職場治理。**

在中國，作為負責公司治理的機構，和日本一樣有股東會、董事會、監事會等「新三會」。中國的《公司法》，很多地方都參考了日本的《公司法》。例如日本的獨立行政法人國際協力機構（JICA），從二〇〇四年起，就實施與中國的《公司法》修正有關的「經濟法、企業法整備計畫」，並協助修正中國《公司法》。中國的公司和日本設置監事會的公司很相似，採取了最高管理結構。因此中國企業裡會設置監事會，這在美國企業是找不到的。

個人企業裡不會有「新三會」，但股份公司和有限公司一定要設置。順帶一提，有限公司已經在日本廢止了，但是還存在於中國。這種有限公司，也是受到日本的影響，但也有很多相異之處。日本的有限公司，都是過去用於小規模公司的企業型態，相對來說，中國也有不少大企業採用有限公司的型態。中國也常看到許多有限公司的持股公司，把旗下數家股份公司作為子公司的企業集團

擔任民主管理的「老三會」

「新三會」是中國與日本公司共通的組織，但除此之外，中國的公司裡還設置了負責「民主管理」的「老三會」。老三會是從計畫經濟時代，就設置於中國的國營企業（現在雖然稱為國有企業，但計畫經濟時代沒有國有企業，只有國營企業。國營企業與現在的國有企業有許多不同之處）當中的工廠與其他職場中的機構。

老三會就是職工代表大會、工會與黨委員會。職工代表大會是職員的會議機構。不光是企業，在學校裡也設置同樣的會議機構。比方說在大學裡，就有「教工代表大會」，和職工代表大會的功能幾乎一模一樣。通常每年會

召開一次總會，討論與決議職場的方針、員工的待遇等重要事項。依據情況，也可以否決管理陣營的提案。中國的工會則和美國、日本的完全不同。儘管在維持、提升員工福利待遇方面，和資本主義國家的工會一樣，但**計畫經濟時代的工會，是最高的決策機構**。

現在的企業中也設置「老三會」。其中職工代表大會與工會的設置，明定於中國的《公司法》第十七條與十八條，因此公司不能擅自省略（不過在某些外資企業等，也會見到營運上不遵守法律的一些例子）。

老三會之一——職工代表大會

如果硬要比喻的話，職工代表大會就相當於日本企業工會的總會（當然有很多不同之處）。職工代表大會握有一些很大的權限，能對職場提案、承認員工待遇的改變，並可監督職場。具體而言就是審議建議權、審議通過權、監督評議權、民主評議權。在中國的職場中，員工的會議機構握有很強的權威和權限。

審議建議權，指的是決定職場經營方針、年度計畫、預算和決算等，審議企業重要改革案與員工勞動安全等相關事項的權限，與針對重大問題，聽取管理階級的報告並提出意見的權限。而審議通過權，指的是可透過職工代表大會投票表決員工的人事決議、福利待遇等，切實影響員工利害的案件。監督評議權，則是針對經營管理階層是否清廉正直的履行職責，每年或定期聽取管理階層報告的權限。

其中最重要的，就是民主評議權。所謂的民主評議權，是決定要選出哪位員工代表，送到董事會與監事會的權限。中國企業不同於日本，在中國《公司法》第四十四條、第五十一條、第一〇八條、第一一七條中，規定了要在董事會及監事會中選出員工代表。如果是國有企業，就必須選出員工代表進入董事會與監事會，民間企業則可視情況而定。在發生勞工爭議時，也可以決定派出哪位員工代表和經營階層交涉。

但不知是好是壞，職工代表大會已被抽去了最核心的部分。雖說職工代表大會握有上述大範圍的權限，也不能單方面只提出對員工有利的要求，和管理階層全面對決。

比方說，中央層級的國有企業，就在《國資委關於建立和完善中央企業職工代表大會制度的指導意見》中，明訂「堅持促進企業發展的原則」與「堅持推動現代企業制度建設的原則」等項目。

「促進企業發展的原則」，包含了提升勞工的積極度與主體性、實現企業發展與勞工發展的協調與統一、提升企業核心的競爭力與國際競爭力等具體的內容。

而「推動現代企業制度建設的原則」，則包括了實現國家利益、股東利益、企業利潤與員工利益的協調發展等。簡單換句話說，就是作為營利企業，持續創造收益。

要求職工代表大會與經營管理階層協調，提升職場競爭力，就不輕率與管理階層對立，造成企業活動的停滯與延宕這一點而言，十分重要。但這麼一來，原本職工代表大會本來的功能——提升員工待遇，就會顯著轉弱。

我經常聽到中國的社會人士，提出這樣的意見：「中國企業裡雖然有員工代表，但他們最終還是站在經營者那一邊，根本不維護員工的利益。」（話雖這麼說，儘管已形同虛設，但至少還是有這樣的機制，我認為這樣就已經比日本的職場好得多了。）

如果在中國發生勞資糾紛，無法在職場內協調、解決，必須打官司時，企業大都會敗訴。這和勞資雙方溝通的制度，有相當程度的完善有關。社會主義會被稱為勞工的國家，也不是空有虛名的。

老三會之二——中國國有企業的工會

中國的工會被視為社團法人，其存在目的是為了維護勞工的各種權利與利益，這些都是與日本及其他外國工會相通的特徵。但是在身為社會主義國家的中國，工會就有許多地方和資本主義國家的工會不同，比方說體制與權力。職工代表大會是頂多一年召開一次的會議機構，但工會是常設組織。中國工會和日本的工會（勞動組合）有很多不同之處。

我在河南省的大學工作時，有個加拿大同事問我：「為什麼中國也有五一勞動節？這種國家也有工會嗎？」當時我聽了非常驚訝，因為他雖然不會說中文，住在中國的時間卻比我還久，沒想到他對中國幾乎一無所知。我告訴他：「中國工會握有很大的權力，像我們的職場上也有工會。」他卻一臉不太相信的樣子。或許是因為對於這位加拿大同事而言，「工會」會讓人聯想到權力的分散與抗衡吧。

中國工會的全國中央組織，是「中華全國總工會」。中華全國總工會與政權有很深的關聯。首先，中華全國總工會接受黨中央委員會書記的指導。除此之外，**中華全國總工會的主席，是由有力的政治家擔任**。像劉少奇、陳雲等，在中國現代史中不可或缺的名政治家，都曾擔任中華全國總工會的主席和名譽主席。在現代，也是由黨中央的有力人士兼任這個職位。

在中華全國總工會之下，有地方總工會。如果硬要比喻的話，就相當於日本都道府縣的勞動組合連合會（聯合工會）。地方總工會也和中國共產黨有很深的關聯。例如省的總工會，便接受省級黨委員會書記的指導。省總工會主席也會由相當有力的人士擔任，像是省級黨委員會的幹部、省的人民代表大會常務委員會幹部等有力的政治人物等。或者也常聽說有人在擔任了省內有影響力的國有企業董事長之後，接著便就任了省總工會主席。

「究竟哪一邊比較厲害？」這個問題雖然不太有禮貌，不過總工會主任的地位還是比企業董事要高。也就是說，比起省裡面國有基礎建設企業的董事，省總工會的主任地位要來得更高。以中央層級來看，比起寶山鋼鐵、中國國際航空和中國移動這類，最頂級的國有企業董事長，中華全國總工會主席的地位可說是更高的。

在日本的共產主義者與社會主義者中，很多人主張「中國的社會主義只是裝飾，那種東西是新自由主義」。我常會覺得不可思議，他們是否知道「事實上在中國，**工會領袖的地位比公司的董事長還高**」。以我這個資本主義者來看，工會地位比企業董事長還高，這一點就說明了中國是真正的社會主義國家吧。

說到中央與地方的聯合工會，中國與日本以及其他先進國家的工會完全不同。但是審視個別企業的工會與職工代表大會的關係，又和日本工會的總會與執行委員會之間的關係，有很多相似之處。

在《中華人民共和國工會法》中，國有企業的工會委員會，被定義為職工代表大會的業務機構。儘管職工代表大會負責重要的決策，但通常一年才會召開一次總會，不是常設機構。

在一年之中大多數時間裡，職工代表大會都是休會的狀態（員工不是為了出席職工代表大會才被雇用的，平常因為工作而在企業，所以這也是理所當然的）。在職工代表大會休會期間，為了執行日常業務而常設的機構，就是中國國有企業中的工會委員會。職工代表大會與工會委員會的關係，就如第二章說明的黨員大會與黨支部委員會的關係一樣，也和前一章提到的居民會議與居民委員會的關係相同。

職工代表大會總會的選舉，會選出工會的委員會領導人，也就是主席、副主席與其他委員。職工代表大會有民主評議權，可以選出代表職工的公司董事，前面已經提過這一點。在許多國有企業中，會讓工會主席或副主席，兼任職工代表董事或職工代表監事。但如果是民間企業，就可以任意決定是否選出職工代表的董事。也就是說，與國有企業相比，工會在民間企業裡的影響力比較微弱。

國有企業和國立大學中的工會，在大部分的情況下，都不會和經營管理階層全面衝突。與日本老舊大企業中常見的「御用工會（親資方的工會）」，也相差不遠。而被選為職工代表董事、職工代表監事的人，也大都意味著將來會飛黃騰達。

在日本與英語圈裡，御用工會（按：也稱作黃色工會）的相反詞是紅色工會。但是在各種事物都和已開發資本主義國家反著來的中國，紅色工會指的卻是親資方的工會。把親資方的工會稱為紅色工會，我無法判斷這點究竟是好是壞，但要說中國有沒有年輕勞工對中國的工會現狀不滿，相信答案只有一個，就是「非常多」。

老三會之三——企業裡的黨委員會

接著終於回到本書的主題。企業裡黨組織的委員會，也屬於老三會之一（通常一開始都會在老三會的內容提及，但由於這是本書的主題，因此我留到了最後說明）。這種狀況的黨委員會，通常特別指位於企業內黨組織頂端的黨委員會（也就是在第三章談到的一級黨委。它不是末端的支部委員會，也不是中間的二級黨委）。

整個企業的黨委員會，和企業的方向、存在意義、目的有很深的關係。

具體來說，會影響到公司治理與企業社會責任等領域。這直接、間接的影響了經營戰略和長期計畫。

根據《中國共產黨國有企業基層組織工作條例（試行）》第三條，國有企業的黨委員會必須具備以下功能（資料來源：http://www.gov.cn/zhengce/2020-01/05/content_5466687.htm）：

（一）堅持加強黨的領導和完善公司治理相統一，把黨的領導融入公司治理各環節。

（二）堅持黨建工作與生產經營深度融合，以企業改革發展成果檢驗黨組織工作成效。

（三）堅持黨管幹部、黨管人才，培養高素質專業化企業領導人員隊伍和人才隊伍。

（四）堅持抓基層打基礎，突出黨支部建設，增強基層黨組織生機活力。

（五）堅持全心全意依靠工人階級，體現企業職工群眾主人翁地位，鞏固黨執政的階級基礎。

其中，（四）是和其他黨組織一樣的條件，但（一）至（三）則是企業黨組織特有的功能。黨組織的活動，以企業經營的角度來看，必須融合理性與生產活動才行。

此外，（五）也非常有趣。勞工的依靠不是黨委，反而「工人階級是黨委的依靠」（也就是說，黨委必須要獲得工人階級支持），關於這個部分，我重新確認了好幾次原文的內容，還以為：「會不會是我看錯了？」我認為，這個部分體現了基層黨組織與群眾應有的關係。同時，我們也可以認為，這應該展現出「企業的主人翁應該是勞工」的思想。

在國有企業中，黨委的工作就是最初所列的公司治理。在日本，負責公司治理的是股東會、董事會和監事會。如同前面說明的，中國企業裡也有設置新三會（股東會、董事會和監事會）。或許很多人會疑惑：「這麼一來，角色不就重複了嗎？」、「黨委和新三會如果看法不一致，或者利害關係相互衝突，不就產生對立了嗎？」

實際上，在一九九〇年代到二〇〇〇年代初期，中國國有企業開始普及股份公司制度，當時的確有黨委和新三會對立的問題。中國企業剛開始股份公司化時，黨委書記和董事長還屬於「不妨礙兼任」的程度，並處於試驗階段，看看怎麼樣才能彼此協調。

與村相同，企業也有「一肩挑」，這會導致工會力量削弱嗎？

一九九〇年代後半起，部分地區開始實施一種稱為「雙向進入」的制度。所謂的雙向進入，就是向董事、監事以及上級管理階層，推薦黨委員會的成員，同時任命董事會、監事會、執行董事階層的成員為黨委員會的一員。

這類似於前一章所見的「一肩挑」制度。一肩挑是指領導人兼任黨委員會書記。雙向進入包含了由黨委副書記和委員來兼任，同時也包括了兼任董事長或其他高層的狀況，是範圍更廣的概念。

上海市在二〇〇一年底時，在市所擁有的國有企業（也就是地方層級的國有企業。在日本相當於都營和縣營的企業，在中國是國有企業）中，有八六%的企業，可由同一人擔任董事和黨委書記，甚至在其中一〇%的企業中，董事長與黨委書記已經是同一個人。

在二〇〇〇年代，我還在研究所就讀，我當時研究的是中國企業的公司治理。從那時候起，我就經常在許多有影響力的國有企業中，看到黨委書記兼任董事和監事的狀況了。儘管在當時，這還算是地方層級、個別企業中實行的措施，不過現在已經在中國全國制度化了。在過去，董事長兼任黨委書記的案例還不多見，但現在可說是已經完全實現了。

二〇一五年八月，中央委員會提出《中共中央、國務院關於深化國有企業改革的指導意見》，其中就要求必須讓國有企業的董事長與黨委書記是同一個人。在二〇一七年，幾乎所有國有企業裡，都是由同一個人擔任董事長和黨委書記了。

到了二〇二一年，由於**黨委書記都兼任了所有國有企業的董事長，因此董事會就不可能會和黨委員會對立**。國有企業中，也已經和地方的基層黨組織一樣，達成了一肩挑。讓同一個人，擔任村民委員會的主任與村的黨組織書記，這樣的步驟還在持續，但也有例外。另一方面，國有企業裡的一肩挑，僅僅不到兩年就完全達成了。

不過，村民委員會的主任都是由居民選舉選出，所以就算上級黨組織以一肩挑為目標，也不一定能達成。另一方面，國有企業的董事是由股東會所決定。在大多數狀況中，持股最多的股東，大都會成為控股公司、變成其他的國有企業。持股公司的更上層，就是中央層級及地方層級的國有資產監督管理委員會。換句話說，就是政府機構。這也意味著國有企業的董事長是由「上面」選出來的，因此完全可以在短時間裡達成。

如果是國有企業，黨委員會書記會直接兼任企業的領導人。前面已經提到，會要求國有企業的黨委員會，達成「黨的領導能力必須融入企業治理的各個層面」。由於企業內黨組織的領導人，與負責公司治理的董事會領導人是同一人，所以也幾乎完全達成這項課題。

我想許多人會認為，公司治理需要抗衡力。必須要藉著各種利害關係人的對立，才有可能讓公司治理更完善。從這個角度來看，或許很多人會覺得，由黨委員會書記直接兼任董事長，並不是強化公司治理，而是削弱。

此外，與工會之間的關係上也有一些問題。企業黨組織的任務，也包含了指導工會。企業黨組織的領導人直接擔任董事長的話，就意味著董事長握有指導工會的權限。

6 黨組織負責人和企業領導人，經常是同一人

企業內黨委員書記應兼任董事長的規定，以及黨委員會參與公司治理等，都僅是國有企業的狀況。在大多數的民間企業裡，黨委書記的影響力比國有企業來得弱。與其說是弱，也有很多案例是沒有黨委；如果是小型企業，黨員甚至很有可能不滿三人。很多時候，新創企業也會跟鄰近的企業成立聯合黨支部，這先前也已經說明過了。中小企業的話，好不容易才能成立一個支部，很多時候甚至無法成立黨基層委員會。

另一方面，如果是大企業，就算是民間企業，也一定會有黨基層委員會。而且，就算是民間企業，也大都實現了雙向進入。例如，中國最大的民營銀行「民生銀行」，其中的雙向進入就已經進展到相當程度了。

在二〇二一年，民生銀行的董事長就兼任黨委書記，也就是達成了一肩挑。而四位副董事長中，有一位兼任該行總裁與黨委副書記。我在其他董事會成員中，找不到黨委員會的成員，因此大多數的董事沒有兼任黨委員會的職務（但這並不是指他們不是黨員）。民生銀行管理階層的雙向進入比董事會還要顯著。前面提到有一位銀行總裁兼任黨委副書記，此外還有六位副總裁，是黨委員會的委員。

可能有人會想：「這是因為銀行這種行業非常保守。要是像深圳資訊科技企業，企業內黨組織的影響力，應該比較弱吧。」我其實也常在中國網路上看到這樣的言論：「因為民間的資訊科技企業不是國有企業，我認為不會有黨委。」不過，各位讀者已經知道了，「職場裡有三名以上的黨員，就必須設立黨支部」的規定。大型資訊科技企業的員工之中，因為會有大量的黨員，因此公司裡當然會有黨委員會存在。而且，大型資訊科技企業中，也相對達到了雙向進入。

營運「QQ」和「微信」的騰訊，算是中國資訊科技企業中最大的企業之一。以營業額來看，也算是世界最大等級的社群遊戲公司。在二〇二一年的騰訊，黨委書記由總公司的高級副總裁，以及騰訊旗下慈善基金團體與研究所理事長兼任。而黨委副書記，則是由總公司的公共政策部門總經理兼任。不知道是不是與黨委書記的工作搭配得很好，還是單純的偶然，黨委書記、副書記，都專門負責公司裡的公益與公共服務相關業務。

希望各位不要誤解，民生銀行與騰訊絕非特殊情況。中國的民間大企業基本上都是這個樣子。儘管不像國有企業一樣，黨委員會握有權力的狀況已經制度化，但實際上，**只要是大企業，一般來說高級管理階層裡，都會有好幾人兼任企業裡黨委員會的幹部**。而董事長兼任黨委書記的狀況，也絕不是罕見的情況。

本書執筆時，日本正在進行自民黨的總裁選舉。其中，候選人河野太郎發生了「與中國共產黨系的企業有所勾結」的醜聞，成為河野落選的其中一個原因。例如，網路媒體「Business Journal」在二〇二一年九月二十一日的報導，就刊載了以「河野太郎、家族企業的關係企業傳受中國共產黨影響……疑對能源政策也有影響」（資料來源：https://biz-journal.jp/2021/09/post_252255.html）。

同一篇報導中指出，河野太郎的親戚經營的公司「日本端子」在中國的子公司，其共同出資人「京東方科技」的董事長，就是共產黨員。報導寫道：「與國家領導有關的企業，和中國共產黨關係企業有著資本關係，這在面子、裡子都不太好看。」此外，不只「Business Journal」，有多位議員和媒體，甚至很多網路評論家都批評：「河野太郎的家族與中國共產黨關係密切。」

我相信各位讀到這裡也已經理解，**在中國，只要是有一定規模的企業，要是跟中國共產黨員完全沒有關係，才是稀奇**。儘管如此，「與中國共產黨員有關係的企業」，是十分奇怪的概念。畢竟是要批評他人的家族企業，至少要把「與中國共產黨員有關係的企業」和「與中國共產黨員無關的中國企業」的定義說清楚。在二〇二一年，中國已經有九千萬名以上的共產黨員了，而且企業只要有三名以上黨員，就要建立黨組織。如果是有一定規模的企業，其中就必定會有黨組織。再者，就像先前說明的一樣，**職場裡黨組織的負責人，直接擔任公司領導人的狀況，一點也不稀奇**。

相信大家明白了，就算是中國共產黨員經營的公司，也不見得就是政府體系的企業。此外，這種公司也不見得會受到政府優待。事實上，中國政府更是制定了一些新政策和強化規範，反倒讓共產黨員經營的公司陷入困境（除了個人企業和一些小公司外，沒有共產黨員的企業反倒算是罕見案例，所以這也是理所當然）。我一邊看著自民黨總裁選舉候選人河野的醜聞，一邊寫這本書，陷入了一種絕望的心情：「國會議員和商業媒體，對中國情勢只有這點程度的理解，究竟要如何和中國交涉與競爭？」

7 黨組織負責公司治理，妥當嗎？

我在中國的職場待了將近九年。在我看來，職場裡有黨組織，而且職場黨組織的幹部直接擔任公司管理階層，會覺得「啊，與日商、美商不一樣，中國職場就是這個樣子」，或是「兼任黨組織要職的主管和同事很會照顧人、有利他心，說起來，還算是個令人安心的存在」。

但肯定很多讀者認為：「老實說，中共掌控的職場讓人很害怕。」、「讓政治進入工作職場，怎麼都不覺得可以與經濟活動、生產活動並存。」，或者認為：「這一定是很沒有效率的機制吧。」我不否定這樣的擔憂（但我要全面否認只因為害怕或覺得可疑，就站在「不想了解」、「沒有必要了解」中共的立場和角度來全面否定）。而且，從中國非黨員的社會人士來看，針對職場裡共產黨組織負責決策的重要部分，要說他們有沒有不滿，老實說也的確是「有的」。

但以現實層面來說，職場內的黨組織參與公司治理與重要決策，大致上都「進行得很順利」，尤其是二〇一〇年代後，在日本的報導中也能看到，中國的大學與研究機構的研究能力、論文生產數量，以及世界排名都顯著上升。在中國大學站在領導立場的人，不光是優良的教師與優秀的學者，他們也都兼任職場黨組織的領導人。此外，進入《財富》世界五百大排行前段班的中國企業也增加了，這在二〇〇〇年代後半就經常成為新聞。這些企業的經營階層與上級管理階層，也有很多人兼任職場黨組織的領導人。

光憑這些事實，我們不能斷言職場內的黨組織，就一定提升了職場的工作表現，但如果對職場的表現有明顯不良影響，那麼企業的成果和業績肯定慘不忍睹。

反倒是日本，在「該由誰擔任企業領導人」、「該如何管理才是最理想」等方面，已經長達二十年以上幾乎沒有成長，大企業在世界上逐漸失去存在感，要反省的或許反而是日本。這個世間其實意外的單純，如果想要證明哪一方比較優秀，那只要在競爭中倖存下來就好。存活下來的組織結構、制度與方法，就會被後世繼承下來。

另一方面，如果懷疑「中國企業的民主管理制度是否是真民主」，我認為這值得好好討論一番。畢竟，實際上也有不少人抱持不滿。不過現在的日本，也只有一部分的中國專家和曾經待在中國的人，才能理解中國企業的民主管理制度。在討論究竟是好是壞之前，應該要充分理解制度，並掌握現況。

現階段我對中國職場中，黨組織站在指導立場這一點，有以下的理解：①職場中的黨組織與民主管理制度，對組織的工作表現與競爭力應該有正面影響。②針對是否尊重各種利害關係人（包含員工在內）的意見與權益，職場內的黨組織與民主管理制度，似乎還有很多缺陷和問題。然而，這畢竟沒有經過驗證，充其量只不過是假說而已。

第 6 章

外資企業如何與黨和平共存？

包含日系企業在內，**在中國的外資企業中，都有中國共產黨支部**。多國籍企業在中國的子公司有黨支部，從二〇一〇年代末開始，在日本與美國逐漸成為保安和保密觀點的討論議題。實際上，在這兩個國家，無論是新聞還是政治家的發言，幾乎都不會關注正面的面向。但就像本章會說明的三星電子一樣，實際上確實也存在著外資企業與共產黨支部、勞工之間互相合作並相互提升、進步的例子。

我相信有不少讀者，會對這些問題感到困惑和煩惱：「我的公司究竟要如何和中國分公司的共產黨組織合作？實在令人不安。」、「職場上的中國員工，不知道是怎麼成立黨組織的？我不僅感到不安，不知道該如何應對，甚至根本不知道該不該允許這種事。」

如果不了解對方，就無從想出解決對策。而且，如果不知道先例和制度，在與職場中的黨組織溝通時，也會產生誤解。有時候甚至會因為基礎知識不足，而被對方哄騙。例如，我曾聽過一個案例是，公司如果沒辦法特地為共產黨組織準備專用的會議室，其實也沒什麼關係，對方卻提出了過分的要求：「不行，公司裡要設置黨組織，所以一定要有專用的會議室。」想要設立黨組織的黨員，擁有運作黨組織的知識與經驗。公司的管理階級如果不知道其他公司的先例，尤其是與黨組織共存共榮的成功案例，那麼雙方在對話時，彼此就算不上是對等。正因為如此，本章將會引用過去的報導與案例研究，來細看外資企業中的黨組織。

本章是最後一章，我將會針對「日系企業在中國的子公司，如何與黨組織共存共榮」的問題，提出幾個解決提案。我盡可能避免在本書前五章提出解決方案，並把重點放在統整與分析中國的現況。因為我和我預期的讀者，以中國共產黨的角度來看都算是外人。但是進入本章後，或許有不少讀者將成為直接的利害關係人。這些問題對很多人來說已經非常迫切，不容許慢條斯理的觀察，迫切需要解決對策和一些啟發。

1 員工竊取內部機密，只因爲黨效忠？

對於進入中國的外商公司來說，最切身的「基層黨組織」，就是自己公司裡面的共產黨組織了。回顧過去，大約自二〇〇〇年代中期開始，日本企業的中國分公司裡，就有許多黨員在職。而且有許多日系企業的辦公室裡，都設立了黨基層委員會。相較起美系企業與韓國企業，日系公司對企業裡設立黨組織，都還算是比較寬容。

而在二〇一〇年代末期，外資企業的黨支部演變成政治問題前，人們幾乎不太關注企業裡的黨支部。甚至除了當事人與一部分專家之外，人們不僅不關注，甚至都不知道有其存在。

從中國共產黨的角度來看，外資企業也算是組織化進展比較遲緩的領域。

比起地區、國有企業和學校的黨組織，外資企業的黨支部也較少提到黨員的指導手冊等。

日本大約在二〇二〇年左右，狀況發生了變化。在媒體和國會上，越來越頻繁討論「中國共產黨黨員在日系企業與註中日本領事館裡工作」的問題。例如二〇二〇年十二月二十四日的「Diamond online」，便刊載了題為「日本人不知道，在中國的企業與共產黨的關係」的報導（請參見：https://diamond.jp/articles/-/258122），其中也提到企業內黨委會的存在，與經營者兼任黨委的情況，大致上掌握了目前的現況。

此外，同一篇報導也提出以下見解：「黨如果要求新創企業向國家和軍隊交出數據與資料，他們想必也無法拒絕。」、「關於5G與醫療、軍事等敏感領域，應該慎重考慮與中國企業往來的方式，這一點是從美日安全保障的合作觀點來看，理所當然的判斷。」主要的意旨在於資訊與技術外流，以及安全保障方面的疑慮。

二〇二一年三月十七日，隸屬日本國民民主黨的眾議院議員山尾志櫻里（按：二〇一八年離婚後，恢復本名菅野志櫻里），在眾議院外務委員會質詢時，提出「（駐中日本外交機構在當地雇用的員工之中）有中國共產黨員嗎？」（順帶一提，當時外務省迴避回答問題。想必一定是有的，但對於不理解現狀的人，無論說什麼都會引發糾紛，我認為這是妥當的判斷。）這個問題的背景，必定就是在保障安全方面有疑慮，以及擔憂資訊外流了。

此外，在二〇二一年六月，當時的總務大臣高市早苗以「強化經濟安全保障④：對日本企業裡有可能設置『中國共產黨組織』的疑慮」為題，寫了專欄（請參見：https://www.sanae.gr.jp/column_detail1326.html）。在文章中，她表示：「日本企業收購的中國企業，以及在日本國內的中國企業，公司內設立的中國共產黨組織，擔憂將成為日本先進技術，和可能轉為武器軍事用途的技術外流的破口。」文中，對資訊與技術外流的隱憂也成為議題。

由於這是我關心的議題，而且如果日本出現了與中國企業的黨組織、日系企業、駐外外交機構員工的黨員問題等相關報導，我都會特別關注。其中我注意到兩點，第一點是「駐外人員本身，以及進入中國的企業、組織的領導人，也就是幾乎可以稱為當事人的這些人，幾乎都沒把這個狀況視為問題（或者說，不想將之視為問題）」，另一點則是「儘管並非沒有論證依據，卻仍只停留在『疑慮』的階段」。或許不應該當成討論某些問題的解決對策，而應該將其視為中國威脅論的一環。

如果發生了技術外流和資訊外洩等情況，最困擾的並非「日本」、「日本國民」這種曖昧不明又廣泛的存在，反倒是日本政府與企業等具體的機構。**駐中企業的智慧財產權風險、資訊外洩的風險，這些議題一直以來都被視為問題**，但在二〇一〇年代中期之前，卻極少有人提出員工裡有黨員、企業裡有黨組織的相關論述。而且過去以來對於智慧財產權、資訊外洩風險的討論重點，有大半都是站在（進入中國的企業等）當事者的角度，提出方法來解決問題。

如果要問進入中國的企業，是否有智慧財產權與資訊外洩的風險，我認為的確是「有的」。但如果要問企業內黨組織和日系企業員工有共產黨員，是否跟這些風險有關，我認為「恐怕沒有太大的關連」。

在二〇二〇年後的日本，關於日系企業的中國共產黨黨員問題相關的討論，大多數都會從這樣的背景開始論述：「中國共產黨黨員宣示效忠國家與習近平主席，或許有可能會竊取機密情報。」但這樣的假設是否妥當，存在著很大的問題。

首先，這些黨員確實宣誓效忠國家與黨。誠如在第一章所說明的，如果不宣示效忠，就無法成為黨員（不過話又說回來，即使內心不願意發誓效忠，卻可以謊稱或裝腔作勢，表現出彷彿很忠誠的樣子）。但同時，他們對工作的職場也有忠誠心與驕傲。甚至，就像我們先前（特別是上一章）所見到的，職場上的黨組織與其幹部，必須要對在職企業的成長有所貢獻。

此外，黨員也必須成為其他群眾的模範。「竊盜」的行為並不能成為模範。假設他們收到命令：「為了國家，把職場的機密資訊偷偷帶出來。」如果是在外資企業工作的黨員，內心也一定會產生質疑與糾結。如果想要盜取機密資訊，大可用金錢誘惑、派美麗的異性間諜接近當事人，或利用人的報復心態和私人恩怨，這些做法都比訴諸愛國心與對黨的忠誠，來得有效率多了。

以一般的組織論而言，「命令」有時候無法發揮其效力。

短期大學和四年制大學裡的經營組織理論，幾乎都會學到切斯特·巴納德（Chester Irving Barnard）的組織理論。在巴納德的理論中，舉出了幾個不服從、不實行命令的狀況：①接受的一方，無法理解其內容的命令、②內容與接受的一方相信的組織目的，相互矛盾的命令、③命令的內容明顯損害接受者的個人利益、④接受者不具有足以實行命令的能力，或是無法實行，或是無法接受，又抑或儘管接受了卻無法履行命令，或只是裝作接受的樣子卻無法實行。儘管是在威權主義式、具有獨裁性質的組織中，也不例外。

利用「對國家與黨的忠誠心」竊取情報與技術，或者損害職場，與接受命令者所相信的組織目標相互矛盾，或與接受命令者的利害相互矛盾，執行上就會伴隨困難。如果不提供報酬或不威脅，就很難實行這樣的命令。沒有報酬或威脅就無法實行的命令，會讓好不容易培養的黨員士氣受損，這樣還不如一開始就讓沒什麼忠誠心的人去實行，還比較可行。

更何況間諜和小偷，也不會光明正大的告訴你「我是間諜」、「我就是小偷」。要是一開始就坦承「我是間諜」，根本做不成間諜。我觀察這幾年，日本關於擔憂安全保障和懷疑資訊外洩的中國威脅論，很多論述都在這種理所當然的部分出現障礙。如果要當間諜，就不會用大家都看得見的方式，光明正大的建構組織吧？應該要建構地下化、非官方的影子組織才對。

2　就算你是外國員工，一樣要接受思想教育

根據《黨支部書記實用手冊（二〇一九年修訂）》記載，外資企業中的黨支部，有以下六項功能（資料來源：龍斯釗，《黨支部書記實用手冊（二〇一九年修訂）》，Kindle 版第七六二頁至七六八頁，Kindle 版本）：

（一）保證監督本單位，正確貫徹執行中國共產黨和國家的路線、方針、政策和法律、法規。

（二）做好本單位中方職工的思想政治工作，不斷提高中方職工的政治思想素質和科學文化素質，培養和造就一支能經受對外開放考驗的「四有」職工隊伍。

（三）加強對本級中方幹部的教育、管理，配合有關部門提出幹部的獎勵、使用或調整意見和建議。

（四）抓好黨支部自身建設，加強對黨員的教育、管理、監督和服務，充分發揮黨員的先鋒模範作用，做好發展黨員工作。

（五）積極做好外商投資企業中港澳同胞、臺灣同胞、海外僑胞以及民主黨派（作者補充：像中國致公黨這樣，與中國共產黨合作的黨派）人士的統戰工作。

（六）對工會、共青團等群團組織實行統一領導，注意發揮工會、共青團等群團組織聯繫職工的橋梁。

在外資企業黨組織的機能中，（五）主要是意識到香港、澳門、臺灣企業對中國大陸的投資，因此和日本企業沒有什麼關係（與其說沒有關係，還不如說不要介入比較好）。其他方面的黨組織機能，國有企業和地區的黨支部也有，例如培養、增加黨員人才的活動，以及指導、監督中方員工等功能。

與農村、國有企業裡的黨支部不同，**外資企業的黨支部並未訂定與企業**

本身發展、生產活動的關聯性，這一點和民間企業黨支部的角色很類似。實際上，在中國國內的議論和提案中，外資企業黨支部也經常和民間企業黨支部共同處理。本書原本是為了日本讀者所寫，因此會假定是日本企業，並特別分別討論外商投資企業裡的黨支部。

此外，儘管職場的中國共產黨組織，具備培育人才的功能，但**基本上不會對職場中的外國人行使這項機能**。不過只要願意，外國人也可以參加黨組織主辦的娛樂等活動。

3 外資企業可以拒絕設立黨支部嗎？

日本與美國，都逐漸將中國分公司內有黨組織的狀況視為威脅。然而外資企業中的中國共產黨支部，其實存在感沒有那麼強烈，甚至有不少中國人也認為：「外資企業中怎麼可能會有共產黨組織？」本書已經多次提到，職場和地區裡，只要有三名以上的黨員，就必須要設置黨支部，所以沒有「因為是外資企業，所以不存在、或不能有黨支部」這回事。

不過，要說是否真的按照制度來運用，就有些微妙了。老實說，在許多黨員工作的外資企業中，有很長一段時間並未設立黨支部。

在中國的期刊論文資料庫「中國知識基礎設施工程」（CNKI）上，搜尋外資企業裡的黨組織，會發現這是二〇二一年較受矚目的主題。與外資企業黨組織相關的碩士論文，在中國不算罕見。儘管從一九九四年開始就零星出現資料，但在二〇〇〇年代前半之前，都還不是多麼受關注的主題。大約到了二〇〇六年左右，進入中國的外資企業裡設置黨組織的問題，才開始在中國受到關注。

根據刊載在《前線》雜誌二〇一一年六月號的報導「北京外企黨建二十年」，在一九九五年底，北京市的外資企業黨支部共有十九個。在有黨員的外資企業中，占了九．五％，在有三名以上黨員的外資企業中，相當於占了三五％。記載於這些黨支部名冊上的黨員數有一百零四人，只占了任職於外資企業黨員的二〇％。當時歐姆龍（OMRON）與摩托羅拉（Motorola）的北京辦事處裡，據說已設有黨支部，不過大多數外資企業裡的黨員，都尚未組織化。

根據同一篇報導，北京外資企業的黨組織，在其後飛躍性的發展。在二〇〇七年時，有一百零七家外資企業設立了黨組織，囊括了在外資企業中工作黨員的九五％。北京的狀況或許可說是模範，相信其他地區的外資企業中，黨組織的設立應該會較為緩慢。

這和先前在流動黨員出現的背景部分所說明的很相似，職場中沒有黨組織，因此沒有歸屬管轄的黨員，被稱為「口袋黨員」、「隱形黨員」。在適當時機到來之前，這些黨員會躲在口袋裡，無法組織化，就像社團的「幽靈社員」一樣。

就算職場裡有黨組織，也可能會出現口袋黨員和隱形黨員。比方說，黨員既沒有向轉出的黨組織報告，也沒有向轉入的黨組織申請。大多數情況，與其說是事務手續的過失，還不如說是當事人缺乏動力、對黨活動的意識低、又或者是覺得學習和組織活動很麻煩等。

在國有企業和國立大學，會在名冊上記錄「政治面貌」，因此比較少發生這樣的狀況。但如果是反覆在民間企業之間轉換工作，就很有可能隱藏黨員的身分了。

4 中國式工會，必有黨勢力介入

二〇〇六年，外資大型零售商沃爾瑪（Walmart）的瀋陽分店，成立了共產黨支部，這在當時成了新聞。順帶一提，沃爾瑪是全球最大的零售商，在日本則與西友合作。當時已經有許多外資企業進入中國，但由於大多數外資企業中，都未設置共產黨支部，而且當時在這個案例中，企業方不贊同此事，因此受到了各界關注。

二〇〇六年九月《瞭望東方周刊》的記者整理了一篇報導、題為〈沃爾瑪分店黨支部誕生前後〉，至今仍能在新浪的新聞網站上閱讀（http://news.sina.com.cn/c/2006-09-05/122810926727.shtml）。

根據這篇報導，瀋陽市的沃爾瑪分店，在二〇〇六年八月十二日早上建立工會，當天傍晚設立（分店）黨支部。報導中提到，瀋陽市大東區的黨委員會，調查了沃爾瑪的從業人員之後，發現多名黨員與共產主義青年團員，因此在發現三名以上黨員的店鋪設立黨支部，也在未滿三名黨員的店鋪，設立聯合黨支部。沃爾瑪的員工名單上，並未記載員工的「政治面貌」（請參照第二章），因此掌握得比較遲。

當時大東區的黨委員會，致力於設立民間、外資的黨支部，根據同篇報導描述，除了沃爾瑪之外，總共有一千三百三十一家企業都成立了黨組織。這也意味著雖然有相當數量的黨員，卻未被組織化。

以中國共產黨的角度來看，這代表組織的弱化，因此是必須解決的問題。地方的黨組織**想要在民間企業和外資企業中建立黨組織，最重要的原因是為了防止口袋黨員和隱形黨員增加，導致黨組織弱化**。

在該報導中，記者整理出極為正面的內容：「今後將能從新設的外資企業與民間的黨支部，培養出壯大的黨員隊伍。」、「將能夠與企業建立雙贏關係。」

德國廣播公司「德國之聲」的中文版網站，在二〇〇六年八月八日及八月二十六日的報導中，也整理了沃爾瑪瀋陽分店設立黨支部一事。這些報導強調與另一個面向「工會組成問題」的關聯，這一點非常有趣。

在德國之聲八月八日的報導（請參見：https://www.dw.com/zh/a-2125361）中，刊載了以下事實。二〇〇四年十月，中華全國總工會批判三星、沃爾瑪以及柯達（Kodak）等大型外資企業未設立工會。其結果，三星和柯達立即表明要設立工會，只有沃爾瑪對設立工會略顯難色。在該報導中，內容雖然提及了沃爾瑪擔心工會受到政府的影響，但基本上還是處理為勞資問題。

在德國之聲八月二十六日的報導（請參見：https://www.dw.com/zh/a-2147554）中，指出了在工會問題背後的黨組織問題。該報導提到，沃爾瑪在全球從不允許建立工會，因此這是拒絕在中國分店設立工會的第一個理由。但不僅如此，報導引用了華裔美國作家何清漣的發言，評論主旨是外資企業建立黨組織的目的，不光是為了保障勞動者的權益，更是要把黨的影響力延伸到社會每一個角落，而外資企業之所以歡迎設立黨組織，也是因為他們別無選擇，是因為迫於無奈之下。

以瀋陽市的例子寫成的報導，在中國海內外皆受到矚目。然而觀察同時期新浪與中國中央電視臺的新聞，會發現中國各地如北京、上海和昆明等地的沃爾瑪分店，也都於二〇〇六年八月底設立了工會。雖然關於黨支部的部分曖昧模糊，但一般認為，恐怕同時也設立了企業內的黨支部。

二十一世紀初期的外資企業與黨支部設立的問題，與其說是安全保障方面的問題，還不如將其視為勞資問題的一種。當時沃爾瑪中國分公司所面臨的問題，與其說是黨組織本身，還不如說是是否要建立工會。前一章也曾提到，企業必須建立工會，這是由法律所規範的。然而（在二〇〇〇年代）許多進入中國的外資企業，卻不太願意設立中國式的工會。也就是說，儘管有制度，卻沒有實現。

從外資的角度來看，或許工會與黨支部的問題，只是不甘不願的順從強權統治的中國的做法。但從中國方來看，卻會理解為：「外資企業連制度都不願意遵守，卻使用我國的勞工，在我國的市場上隨心所欲、恣意妄為。」畢竟中國曾有段在革命前，曾經被外國資本榨取的歷史，而「將中國從這段歷史中解放」，正是當今政權的正當性之一的根據，因此更是不容捨棄不管的問題。

以日本和美國來看，會認為「工會的問題和黨支部的問題不同」，但在中國，這兩者是不可分割的問題。其中之一是源自於「中國共產黨要從外資企業手中守護勞工和人民」這個表面原則。另一個原因，則是實際的組織、制度上的問題。就像如前一章所見，中國企業中有企業內黨組織、職工代表大會，以及工會組成的「民主管理」制度。

外資企業的黨組織，與地區和國有企業中的黨組織不同，不用具備提供娛樂活動、提供及改善福利的功能。但實際上，外資企業裡的黨組織，也常會參與福利待遇和娛樂活動。因此就這一點而言，實在很難說，這與勞工問題完全不相干。

5 看看外商公司三星電子怎麼做

以經營者的角度來看，沃爾瑪的例子是與員工和當地磨擦的結果，「不得已被迫設立」的意味很強烈。此外，近年來，日系企業中有共產黨組織的問題，在日本也被視為問題和威脅，在這一點上其實是相通的。

誠如何清漣所言，很多跨國企業的現狀是，為了要在中國直接投資，不得不接受「建立黨組織」的懲罰遊戲。然而儘管在究竟是否設立黨組織的問題上，承認「無可奈何」，卻又會出現以下問題：「究竟該如何應對？」、「雙方真的能共存嗎？」因此在這裡，我們一起看看，外資企業的經營層與共產黨組織得以共存的代表例子。

關於外資企業中的共產黨組織，被視為成功案例的，就是三星電子（蘇州）半導體有限公司的黨組織。二〇一七年十一月，該公司中，有大約一八%

的從業人員已加入共產黨（這個黨員比例是全中國平均的兩倍）。不僅如此，儘管他們是外資企業中的黨組織，成員卻非常團結，有許多員工希望入黨，是屬於比較罕見的例子。

在雜誌《中國外資》二〇一七年十一月號中刊載了一篇報導，內容是以訪問該公司黨委李成春的訪談為基礎寫成的。李春成在二〇一五年，獲得了全國勞動模範的稱號。所謂的勞動模範，就是指國家授予創下卓越功績的勞動者的榮譽稱號。雖然這類似於日本的勳章，但將這個稱號頒發給外資企業的員工，可說是非常少見。李成春也被選為第十九期全國人民代表大會（全人代）代表議員。外資企業的員工，成為全人代的議員，可說是非常稀有。

該公司在一九九八年成立黨支部，以外資企業的黨組織來說，可說是歷史較長的。起初也並非一帆風順，因為一開始公司不信任黨組織，管理階層都投以猜疑的目光，因此員工與工人都十分消極。

在國有企業與國立大學中，黨員可以利用午休等時間從事黨的活動，但外資企業不能在工作時間從事，這也成了一個障礙。他們不能在辦公室裡活動，因此只能利用下班時間在員工宿舍活動。員工也會進行政治宣傳、呼籲加入黨的活動，一邊教育黨員。

在三星電子（蘇州）半導體有限公司，許多一般員工不懂韓文，因此有個嚴重問題，就是他們很難和韓國派遣來的管理階層溝通。黨組織便開辦韓語課程，同時也會招聘公司外的專家，進行政治思想等教育。

黨委李成春書記一邊嘗試錯誤，一邊建立起**「引領型、數位型、學習型、活力型、激勵型、服務型」的「六型黨委**（這裡的黨委，不是指黨委書記李成春，而是指黨委員會的組織）」制度。

這裡的六型黨委，是該公司黨組織的原創，其後許多國有企業裡的黨組織建立「六型黨委」也受到獎勵。儘管六型黨委的內涵，與三星電子的黨組織並不完全相同，但大多數都會採用「學習型」。雖然我無法百分之百斷言，但相信這也成為了六型黨委基礎的案例之一。

以結果來說，該公司的黨活動從二〇〇七年起，逐漸獲得管理階層很高的肯定。相信這與他們不在工作時間裡，從事黨活動也有關係，李成春表示：「黨活動在不知不覺間，也受到企業的生產管理方面良好的影響。」在中國的國有企業裡經常會看到，「企業內黨組織建立了企業文化」的現象。但三星的案例，則是**黨活動受到外資企業的企業文化和管理方式的影響**。最終還是黨組織發揮了聯繫員工與企業文化的角色。

在企管學的學術期刊《現代管理》二〇一三年七月號，刊載了胡小君與田芝健，對三星電子（蘇州）半導體有限公司的個案研究。胡小君、田芝健（二〇一三）的問題意識，是「外資企業裡是否能建立活躍的黨組織」。然而，在他們的研究中，也出現了許多，由我們的問題來看非常有意義的見解。下面我將引用胡、田（二〇一三）的意見中，對外資企業有用的見解：

・將公司利用的管理方式與順序，運用到黨組織的活動

公司中的黨組織，在管理、評價黨組織各計畫的成果時，使用的是三星電子的關鍵績效指標（KPI）。所謂的關鍵績效指標，是定量評估重要的業績評估指標，並藉由定點觀測來達成目標。除了銷售業績這類，一開始就數據化的指標之外，也會將難以用數值測量的項目，以數字化後的資料為基礎來評估（例如顧客滿意度，會以客訴件數和解約率來評估）。**如果能在黨組織的活動中，使用公司的管理方式，就能達到雙方的發展。**

‧融合組織文化

公司中的黨組織使用了「三贏戰略」，也就是建立黨組織、員工與企業之間三贏的關係。他們的目標，不僅是透過建立黨組織達到企業的發展，更開辦了讀書會，目標是融合三星電子企業文化與黨組織的組織文化。另外，他們還首先以學習韓語，希望能融合跨國企業總公司文化與中國文化。如果黨組織的組織文化能與企業文化融合，對雙方來說都是有益的。

‧融合企業目標與黨組織的目標

從黨組織來看，若不順應企業的特色與需求，就無法讓組織發展。換言之，只要將企業的目標融合進企業內黨組織的目標，就能共存共榮。例如可以設定以下目標：期望將黨組織的活動目標，設定在提升、發展企業的業績，以及讓組織內部的人際關係更和睦的方向上。企業方和企業內黨組織，將共同承擔人才培養與企業的社會責任。

6 公司內部必須準備共產黨專用會議室

為了讓外資企業中的黨組織得以發展，胡小君、田芝健（二〇一三）提出了前述見解。然而與此同時，企業方該如何對待公司裡的黨組織，也成了一大重點。先從結論談起，就是讓黨組織以「能對自家公司有貢獻」的形式來活動。

我曾聽說過，進入中國的外資企業表示：「**他們要求我方，必須在公司裡準備共產黨專用的會議室，真的很困擾。**」如果為了進行企業內黨組織的活動，還要動用公司的成本，這以日本企業的角度來看，的確很難接受。以三星電子（蘇州）半導體的例子來看，企業可以禁止員工在上班時間從事黨活動，而且基本上也不需要在辦公室裡準備專用的會議室。不過，他們必須有場地聚集才能活動，因此還是應該許可將員工宿舍的公共空間，用於從事黨組織的活動，或者讓黨組織在下班後能利用會議室等。

除此之外，另一個問題是，工作時間裡是否能從事黨組織活動。中國的國立大學等，會利用午休時間開黨組織的會議和讀書會，不過日本企業是否該允許此行為，則是個微妙的問題。我認為應該要像三星的例子，**讓黨員在下班時間後，利用閒暇時間從事黨組織的活動，才是較妥當的做法**。

對曾經在大學和國有企業中從事黨組織活動的黨員來說，在活動時沒有專用的會議室，或者是上班時間不能從事黨組織的活動，或許會感到不太方便，但這些都是他們應該與企業折衷解決的。站在日系企業的角度，總不能連他們在從事黨組織活動的時間，還要付薪水給他們吧。

以企業方來說，當然應該與黨員員工協商與協調，但在經費與時間方面，如果遇到過分的要求，就該直接說做不到。如果對方不接受，只要告訴他們：「全國勞動模範李成春，都很遵守只在工作時間外，才從事黨組織的活動，你就辦不到嗎？」

對企業方來說，重要的是盡可能與企業內的黨組織協調，並且留意不要造成雙方的不信任。就連「反共」意識比日本根深蒂固的韓國企業，都能做到與企業內黨組織相互協調，相信並沒有這麼困難。

若能達成互相合作的關係，那麼企業裡的黨組織就能對企業有所助益。儘管他們曾宣示，必須對中國共產黨忠誠，但他們其實對工作與企業還是抱持著貢獻的意願。而且，基本上企業內黨組織的活動，與執行工作、發展事業不會相互矛盾。如各位在本章及前一章所見，從培養人才以及讓員工更團結的層面來看，黨組織對企業來說，都是有利的。

如果企業無論如何，都不想在中國分公司裡設立共產黨組織，那麼可以避免雇用黨員員工來迴避，不過這也會伴隨很大的代價。中國人每十人就有一人是共產黨員。而且，如果在學生時代成績優異，或是前一份工作的經歷優良，同時又是配合度高的人才，那麼就有更高的機率是共產黨員。就像我們在第一章與第五章提到的，企業需要的人才，與中國共產黨基層組織期望培養的，條件大致上重疊。如果只顧用非黨員的員工，就很難確保雇用到溝通能力與配合度高的人才。

說得難聽一點，「希望能雇用到有能力、協調度高且積極的中國員工，就算是共產黨員，只要進入我的公司，就禁止他們從事黨組織活動」，也可以這樣順利搭便車。黨員員工會在黨組織內，培養協調度和溝通能力。如果能享受黨組織培養人才的結果，只獲得美味的果實，這對我們來說，不也很好嗎？

儘管我這番話也包含了自己的推測，不過大多數駐中外交機構和日系企業雇用的中國當地員工，有很多中國共產黨黨員，這並非多麼不可思議的事。想要雇用優秀的人才，黨員的比例本來就較高。如果再加上學歷、證照之外的協調度、領導能力和積極度，那麼黨員的比例又會提升。

結語
主席的力量，沒有外界以爲的那麼強大

本書的目的，在於說明中國共產黨基層組織的基礎知識。就這一點而言，本書的六個篇章已經達到了目的。不過相信仍有許多讀者覺得，光憑概括性的說明還是不足。此外，或許也有人疑惑：「所以你到底想要說什麼？」、「最終你個人的想法又是如何？」因此在結語中，我將以個人的主觀與推測，來陳述我的主張。

我之所以寫這本書，其中一個最大的動機，就是我認為有必要「解開人們對中國社會與中國共產黨組織的誤解」。看過關於中國新政策、新規範的報導與評論的人之中，很多人都會產生一種錯覺，認為主席和黨中央能決定任何事。當然，下決定的肯定是上級，但也不是靠著專斷獨裁，就能決定所有事。

就像本書中介紹的，中共具備從地區和職場等末端吸收意見的機制。儘管如此，我並不是想下結論，說中國社會已經充分的民主化。不過，我們仍應該把焦點放在黨能吸收基層的各種意見，並能彈性的應對隨時發生變化的情況。

至少，中國有自下而上（bottom up）的機制，而這正是經營良好的組織所應具備的。如果能**從末端和第一線吸收狀況與意見，獲得有益的資訊和想法**，這樣多半能成功。先不論它是否民主，這樣的機制讓決策時可隨時應對、處理變化的現狀。

無論是二〇二〇年針對兒童限制網遊時間，或是在二〇一〇年代的空氣汙染對策，甚至是更久之前，由於食品安全問題引發的強化監督，都遭遇多數人民的批判和不滿。吸收了這些批評的民意後，行政或黨政的領導就推出了新的政策及新的規範。地方的決策更是如此，**第一線和居民的不滿及意見，會左右黨政與行政的決定。**

中國共產黨基層組織的網絡，有助於向政府傳達人民的不滿與意見。有些課題不會在日本引起討論，卻跟生活息息相關（例如電動機車是否需要新設駕照制度、市內的幹線道路是否該允許馬車或驢子通行等），更會因為地區居民的意見和不滿而影響政策。

我不否認「中國不是民主主義的社會」此一主張。但另一方面，我完全無法同意，為了要強調「中國是獨裁國家」的觀點，而**將中國視為**高層一聲令下，就能**無視基層狀況、強硬決定任何事務的寡頭政治國家**。在將中國視為威脅時，這樣的見解也會形成障礙，因為這**會低估了競爭對手的力量**（特別是應變能力及彈性）。

這也正是有許多上一世代的人提出中國崩壞論，卻紛紛與現況不符的原因之一。偏好中國崩壞論的人們，儘管有很高的志向與期望，卻幾乎不曾研究過中國共產黨組織與決策的過程。

我已經在前面提到，本書其中一個目的，就是要「解開人們對中國社會與中國共產黨組織的誤解」。這不僅有利於觀察中國、預測中國的未來，更是為了促進中日相互的理解，不僅是為了幫助在工作上與中國有聯結的人，更是為了思考對於自己國家，或者是對於自己工作職場等組織，要描繪什麼樣的未來藍圖。

許多對中國社會抱持錯誤觀點的人，表現出的大都是自己的理想和思考模式。我們在資訊不足的情況下，通常會用預測和想像來彌補（當然我本人也不例外）。我們不可能知道所有事物，而且現實社會隨時隨地都在變化，資訊不足本身不應該受到責難。不過，這些人是為了彌補不足的資訊，才會提出個人的價值觀、理想和期望。

比方說在二〇二一年，日本就有許多人認為「正是因為專制，中國才達成了經濟發展」、「中國的疫情就是因為實行專制、不讓愚民說話，防疫措施才得以成功」。不光是沒學問的人，甚至連一些頭腦好的人，也會說出這種見解。而且不僅是居酒屋的閒談，或網路上喜好議論的人的貼文，就連報紙上都看得到這樣的言論。

既不了解執政的中國共產黨如何決策、傳達的機制，也不了解中國推行政策的方式，為什麼還能這麼武斷的思考？有很長一段時間，對我來說一直都是不解的難題。以我現階段所想到的，恐怕是因為以下背景。大多數這樣的主張，目的都不是要釐清中國的真實面貌，他們只是抱持這樣的假設與期望：「只要實行專制，就能順利進行」、「只要封鎖愚笨的人們和大眾的意見，就能進展順利」。中國只是像一面鏡子一樣，映出了他們的這一面。

例如從二〇二〇年春天開始爆發的新冠肺炎騷動，就有很多人在社群媒體上發表意見：「與病毒的戰爭，就是與蠢人的戰爭。」或許他們認為「不知道防護方法的笨蛋」與「不遵守公衛專家意見的蠢人」擴散了新冠病毒吧，但不把笨蛋視為應該共存的同胞，反而視作應該對抗的敵人，不管說得再好聽，這種想法都算不上是民主吧。我認為不應該容許那些一副無所謂的樣子、在人前說「與病毒的戰爭，就是與蠢人的戰爭」的人。

然而，這樣的言論不但沒有引發爭議，不少聰明人以及自由主義人士，也都接受了這番「與笨蛋抗爭、戰勝病毒」的言論，實在是太出人意料了。從這裡可以得知，有相當程度的人認為，要限制愚蠢大眾表達意見與行動，又或者這樣的主張受到了允許。日本民主主義社會基本的價值觀，建立在無論愚笨或聰明的人，都握有相同分量的一票的原則。我一直相信，必須建立一個即便是笨蛋，也必須受到尊重的社會。但沒想到現實並非如此。遺憾的是，就連積極參與政治，在選舉時會支持政黨和候選人的人之中，也有人提出「蠢蛋閉嘴」這樣的主張。

說出「中國就是實行專制，不聽大眾的聲音才得以成功」的人，並不是想要了解中國成功的原因，而是因為憧憬自己腦海裡描繪的「無視愚蠢大眾的專制」。如果這些人認為不聽大眾意見的專制很好，那我倒希望他們不要以中國為藉口，應該拿出一些其他的例子，或者憑著自己的原創意見、提出他們的主張。如同本書先前提到的，**中國共產黨並沒有無視大眾的意見與不滿，反而在他們的各級組織裡，都具備了會議體制和合議體制，也鼓勵討論做出決議**。

近年來，相較於吸收眾人意見和現場狀況，做出調整的領導者，日本人更傾向將事先設立戰略和計畫，不被他人意見混淆的人，解釋為有領導能力。這想必與「只要專制，就能順利」的言論也有關係。

不吸收他人（尤其是一般人）的意見和末端的問題，就會導致獲得的資訊減少，也會導致決策時無法順應時代和狀況變化。成為領導者的人了解的第一線，大都是幾十年前的狀況，如果不注重吸收基層意見，很容易就會做出不符合時代潮流的決定。

我認為，中國在二十一世紀初期的發展，既不是專制的成果，也不是違背、無視大眾不滿的成果。儘管許多地方不完美，但他們掌握並吸收了各地區、各個工作職場的現況、不滿與問題後，建立了新的計畫，並為了解決問題而積極作為（儘管說了很多次，可能會讓人有點厭煩，但我絕不是要說現代中國是完全民主的社會。中國社會經常有許多不合理和受限的狀況，同時也有些情況是聽取了不滿的聲音，卻果斷實行令人嫌棄的方案）。同時，他們也不斷嘗試擴大黨的聲勢，並持續教育新人黨員和末端黨員，共享願景、努力提升動力，這些都是成功的原因。

不與基層群眾抗爭，不無視群眾，聆聽人民的不滿，時而堅持不懈說服，這就是他們的理想。當然許多時候無法照理想進行，但中共給基層組織幹部的工作手冊裡，並沒有寫著無視末端黨員和群眾的意見，反而是寫著要他們傾聽意見。

對中國社會的誤解，對於跟中國毫無關聯的人來說，或許不是什麼重大的問題。但若要問「我們想要將社會引導到什麼方向」，對很多人來說，就是個大問題了。無論是國家、工作職場還是地區，我相信對當今社會來說，最重要的並非和愚蠢的大眾對抗、叫他們閉嘴、實行聰明人的專制，反倒是應該要從基層吸取現狀與問題，根據事實來解決問題。**如果有什麼是我們能從中共學習的，那就是重視末端的組織，以及試著建立一個「扎根於民眾的國家」**的態度。

最後，我想要感謝星海社的片倉直彌，不僅給我機會寫出這本書，並且從企劃階段到編輯、最後到宣傳，都肩負起所有困難的業務。同時我也必須感謝中國及亞洲的資訊科技作家山谷剛史，推薦我獨自完成一本書，並向片倉先生引薦我，他不僅給我這個機會，甚至在我寫作時給予各種鼓勵。為了讓我轉換心情，還帶我去充滿異國情調的小店以及小旅行，對此我要再度表示感謝，沒有山谷先生，就不會有這本書。

主要引用文獻

· Chester I. Barnard，杜建芳譯（2018），《經理人員的職能》（*The Functions of the Executive*），五南出版。

· James C. Collins & Jerry I. Porras，齊若蘭譯（2020），《基業長青：高瞻遠矚企業的永續之道》（*Built to Last: Successful Habits of Visionary Companies*），遠流出版。

· 川井伸一（2003），《中國上市企業 內部者掌控的公司治理》（中国上場企業 内部者支配のガバナンス），創土社。

· 西村晉（2008），〈中國企業統治改革的各種矛盾〉（中国企業統治改革の諸矛盾），《亞洲企管研究》（アジア経営研究）vol.14, P.193-202。

· 唐燕霞（2007），〈村民自治與農村政治—以中國廣西壯族自治區宜州市屏南鄉合寨村的事例為中心〉（村民自治と農村政治—中国西壮族自治区宜州市屏南郷合寨村の事例を中心に），《東北亞研究》（北東アジア研究）第 13 號，pp.17-31。

· 田中信彥（2008），〈外商企業當中也逐漸增加的「工會」，日本企業該如何與之往來才是上策〉（外資系企業でも増える「工会」日本企業はどう付き合うのが得策か），《*Works*》（Works）No.91, 2008.12-2009.01, p.4。

· 大島一二（2012），〈農村基層組織改革的進展與黨支部

（接下頁）

——在經濟發展與組織多樣化的背景下〉（農村基層組織改革の進展と党支部—経済発展と組織の多様化の中で）《中國共產黨的生存戰略》（中国共産党のサバイバル戦略），三和書籍。
・羅佳（2009），〈中國都市的社區居民委員會的現狀 —— 分析現地調查的三個案例〉（中国都市部の社区居民委員会の現状—現地調査の 3 つの事例を踏まえて），日本福祉大學 COE 專項 2008 年度工作論文，https://www.n-fukushi.ac.jp/gp/coe/report/pdf/wp-2008-1-1.pdf（公開日 2009 年 3 月 30 日，閱覽日 2021 年 8 月 24 日）。
・唐燕霞（2012），〈中國社區自治的居民委員會功能的相關論述〉（中国の社区自治における居民委員会の役割に関する試論），《島根縣立大學綜合政策論叢》（島根県立大学総合政策論叢），第 23 號，pp.95-107。
・林梅（2012），〈從村民委員選舉來看村民自治：以中國東北地區的朝鮮族村為例〉（村民委員選挙から見る村民自治：中国東北地域の朝鮮族村を事例に），《關西學院大學先端社會研究所紀要》（関西学院大学先端社会研究所紀要），第 7 號，pp.99-113。
・松本未希子（2019），〈中國「基層群眾性自治組織」的法的性質—依據「行政主體」論之公私二分化？〉（中国における「基層群眾性自治組織」の法的性質—「行政主体」論によ

（接下頁）

る公私の二分化？），《神戶法學雜誌》（神戸法学雑誌）69 卷 2 號，pp.371-407　。

・外務省（2022），「中國共產黨組織圖」https://www.mofa.go.jp/mofaj/files/100427648.pdf。

・山本康正（2020），〈日本人所不知的中國共產黨與企業的關係〉（日本人が知らない、中国における共産党と企業の関係），Diamond Online（https://diamond.jp/articles/-/258122），公開日 2020 年 12 月 24 日，閱覽日 2021 年 10 月 26 日。

・中川コージ（2021），《讓巨大中國運作的紅色方程式 怪物化 9000 萬人黨組織的世界戰略》（巨大中国を動かす紅い方程式 モンスター化する 9000 万人党組織の世界戦略），德間書局。

・安田峰俊（2021），《現代中國的祕密結社》（現代中国の秘密結社），中央公論新社。

・高市早苗（2021），〈強化經濟安全保障④：對日本企業裡有可能設置的「中國共產黨組織」所產生的疑慮〉（経済安全保障の強化に向けて④：日本企業内にも設置可能な「中国共産党組織」への懸念）（https://www.sanae.gr.jp/column_detail1326.html），公開日 2021 年 6 月 10 日，閱覽日 2021 年 10 月 26 日。

・NEWS POST SEVEN（2021），〈上海名門大學 講師刺殺學

（接下頁）

院院長疑似因晉級引發衝突〉（上海名門大学で講師が学部長を刺殺　昇進めぐるトラブルか）（https://www.news-postseven.com/archives/20210703_1671574.html），公開日 2021 年 7 月 3 日，閱覽日 2021 年 11 月 28 日。

·「Business Journal」編輯部（2021），〈河野太郎、家族關係企業與中國共產黨關係密切……疑對能源政策也有影響〉（河野太郎氏、親族企業の関連企業、中国共産党の影響が取り沙汰…エネルギー政策への影響も懸念），「Business Journal」，（https://biz-journal.jp/2021/09/post_252255.html）公開日 2021 年 9 月 21 日，閱覽日 2021 年 9 月 30 日

·倪心一，〈日本農村的基層組織〉[J]，《世界農業》，1988（05）：3-7。

·王洛林、陳佳貴，《現代企業制度的理論與實踐》[M]，北京：經濟管理出版社 , 1997。

·李玉賦，《國有企業黨風廉政建設實踐與探索》[M]，北京：中國方正出版社，2003。

DW.COM，〈中國終結沃爾瑪全球不建工會歷史〉https://www.dw.com/zh/ 中国终结沃尔玛全球不建工会历史 /a-2125361，2006-8-8.。

·DW.COM，〈共產黨支部進入沃爾瑪〉[EB/OL]，https://www.dw.com/zh/ 共产党支部进入沃尔玛 /a-2147554，2006-8-26。

（接下頁）

· 姜敏、吳錚，〈沃爾瑪分店支部誕生前後〉[EB/OL]，http://news.sina.com.cn/c/2006-09-05/122810926727.shtml，2006-9-5。

· 郭松，〈北京外企黨建 20 年〉[J]，《前線》，2011（6）：12-13。

· 張永恒，〈外企進入“黨支部”時代〉[J]，《中國經濟周刊》，2012（28）：68-69。

· 人民網，〈申請入黨的人要經過哪些主要程序才能成為正式黨員？〉 [EB/OL]，http://theory.people.com.cn/n/2012/1228/c353650-20044372.html，2012-12-28。

· 金釗，《黨員手冊》[M]，北京：國家行政學院出版社，2013。

· 鄭紹保，〈黨的基層組織工作熱點疑點要點 500 問〉[M]，北京：紅旗出版社，2013。

· 胡小君、田芝建，〈以黨建工作法創新促進外企黨組織強化與職能優化〉[J]，《現代管理》，2013（7）：47-49。

· 東方治，《黨務工作規範文本》[M]，北京：紅旗出版社，2014。

· 東方治，《黨務工作基本流程》[M]，北京：紅旗出版社，2015。

· 《圖解中國共產黨最新黨內法規》編寫組，《圖解中國共產黨最新黨內法規》[M]，北京：人民出版社，2016。

· 國家電網黨校（管理學院）黨建研究課題組，《國有企業黨

（接下頁）

支部工作指導手冊》[M]，北京：紅旗出版社 , 2016。

· 于建榮，《農村基層黨建工作怎麼做》（中農服系列叢書）[M]，北京：中共黨史出版社，2016。

· 中國石油黨建思想政治工作研究會、中國石油大慶精神鐵人精神研究會，《企業黨建研究成果匯編》[M]，北京：石油工業出版社，2016。

· 李成春，〈把黨建做成外資企業“亮點”〉[J]，《中國外資》，2017（11）：42-43。

· 李俊偉、徐雲鵬、趙曉剛，《（2018 版）新編預備黨員培訓教材》[M]，北京：中共黨史出版社，2018。

· 薛秋晗、種博，《新編國企黨支部工作實用教程》[M]，北京：人民日報出版社，2018。

· 孟旭，〈把黨建難點做成外企亮點〉[J]，《國家電網》，2018（05）：48-49。

· 「現代快報」，〈南京給社工設定薪酬標準 , 城市社區書記居委會主任年薪不低於 9.8 萬〉[EB/OL]，http://www.xdkb.net/index/article/2018-08/08/content_1106294.htm，2018-8-8。

· 龍斯釗，《黨支部書記實用手冊》[M]，北京：中共黨史出版社，2019。

· 歐黎明、于建榮，《新時代黨支部工作指導手冊》[M]，北京：國家行政學院出版社，2019。

（接下頁）

· 中共中央黨校黨章黨規教研室，《十八大以來常用黨內法規》[M]，北京：人民出版社，2019。

· 共產黨員網，〈央企總公司層面的黨委算不算基層黨組織？〉[EB/OL]，https://wenda.12371.cn/liebiao.php?mod=viewthread&tid=576534，2019-12-15。

· 中共中央組織部，〈2019 年中國共產黨黨內統計公報〉[EB/OL]，https://www.12371.cn/2020/06/30/ARTI1593514894217396.shtml，2020-6-30。

· 張琦，〈黨建品牌巡展｜奮力打造“供水排頭兵”服務品牌升級版〉[EB/OL]，https://www.sohu.com/a/409447228_783001，2020-07-23。

· 張建平，〈新區進一步加強基層黨組織建設〉[EB/OL]，http://gs.people.com.cn/n2/2020/0805/c184701-34207388.html，2020-08-05。

· 橋頭溪鄉人民政府，〈關於成立村黨支部書記，村委會主任“一肩挑”工作領導小組的通知〉[EB/OL]，http://www.chenxi.gov.cn/chenxi/c119435/202009/13ddeabe7919443695f42909717168fa.shtml，2020-09-07。

· 向愛靜，〈學習六中全會精神｜大慶油田：汲取精神力量 當好標竿旗幟〉[EB/OL]，https://vod.xianfengdangjian.com.cn/content/h/content_26934.shtml，2021-11-25。

國家圖書館出版品預行編目（CIP）資料

中國共產黨，世界最強組織：國家主席一人怎麼號令十四億人？從灌輸個人思想到企業內部運作，是什麼在層層掌握 / 西村晉著；郭凡嘉譯 . -- 初版 . -- 臺北市 : 大是文化有限公司 , 2023.05

272 面；14.8×21 公分 -- (Biz ; 424)

ISBN 978-626-7251-67-6（平裝）

1.CST：中國共產黨

576.25 112002415

Biz 424

中國共產黨，世界最強組織

國家主席一人怎麼號令十四億人？
從灌輸個人思想到企業內部運作，是什麼在層層掌握

作　　者／西村晉
譯　　者／郭凡嘉
校對編輯／張祐唐
美術編輯／林彥君
副 主 編／劉宗德
副總編輯／顏惠君
總 編 輯／吳依瑋
發 行 人／徐仲秋
會計助理／李秀娟
會　　計／許鳳雪
版權經理／郝麗珍
行銷企劃／徐千晴
行銷業務／李秀蕙
業務專員／馬絮盈、留婉茹
業務經理／林裕安
總 經 理／陳絜吾

出 版 者／大是文化有限公司
臺北市 100 衡陽路 7 號 8 樓
編輯部電話：（02）23757911
購書相關諮詢請洽：（02）23757911 分機 122
24 小時讀者服務傳真：（02）23756999
讀者服務 E-mail：dscsms28@gmail.com
郵政劃撥帳號：19983366　　戶名：大是文化有限公司
法律顧問／永然聯合法律事務所
香港發行／豐達出版發行有限公司 Rich Publishing & Distribution Ltd
香港柴灣永泰道 70 號柴灣工業城第 2 期 1805 室
Unit 1805, Ph.2, Chai Wan Ind City, 70 Wing Tai Rd, Chai Wan, Hong Kong
Tel：2172-6513　Fax：2172-4355　E-mail：cary@subseasy.com.hk

封面設計／高郁雯
內頁排版／陳相蓉
印　　刷／鴻霖印刷傳媒股份有限公司
出版日期／ 2023 年 5 月初版
定　　價／ 399 元（缺頁或裝訂錯誤的書，請寄回更換）
I S B N ／ 978-626-7251-67-6
電子書 I S B N ／ 9786267251751（PDF）
9786267251744（EPUB）
Printed in Taiwan